不安をとかす技術

「本当の自信」が身につく考え方

桜井章一

YUSABUL

まえがき
～自信とは何なのか？

〝自信〟という字は、「自分を信じる」と書く。この世の中に真の意味で「自分を信じる」ことのできる人は本当にいるのだろうか？　私自身も含め、そんな人がこの世にいるとは思えない。

本当に自分を信じ、自信を持って生きていれば〝不安〟とはまったくの無縁であるはずだ。しかし、人は緊張もすればパニックにもなるし、大なり小なり、〝不安〟は誰もが持っているものである。

夢や希望、あるいは目標。世間ではそういったものを持つことが「いいこと」とされるが、そういったものを持つから人間は〝不安〟になるのである。

何か新しいことを始めようとする時、未開の地へ足を踏み出そうとしている時、「この先大丈夫だろうか？」と人は不安を感じるものだ。

ほとんどの人に〝不安〟があるのだから、真の意味の〝自信〟、それを「本当の自信」と言い換えてもいいかもしれないが、その「本当の自信」を持っている人もこの世にはほとんどいないということになるのではないだろうか。

外からは自信満々に見える人も、その内実は不安でいっぱいで、自信満々に見えるのは虚勢を張っているからという人も多い。

会社の上司や先輩など、自分の地位や立場を利用して威張り腐っている人間がいるとしたら、それは自信がないことの裏返しだと思っていい。

まわりの人たちが作り上げたものを、さも自分が成果を挙げたかのように振舞い、窮地に追い込まれれば何の責任も取らずに脱兎のごとく逃げ出す。この社会で威張り腐っている人間はそんな輩ばかりである。


本書では「本当の自信」とは何なのか？「自分を信じる」とはどういうことなのか？そもそも自信は本当に必要なのか？「本当の自信」というものがあるとすれば、それをどのように身に付けていけばいいのか？自信と不安のはざ間で人間はどうあるべきなのか？そういった〝自信〟に関する諸々のことに関して、私なりに思うところを述べさせていただいた。

自信がないからといって自分自身に否定的になったり、ネガティブになったりする必要はまったくない。

自然体で、気持ちよく生きていれば、後から自信は付いてくる。本書を読めばそれがきっとわかってもらえるはずである。

目次

第2章 自然体が「本当の自信」を生む

第3章 シンプル思考が己への信頼を導く

第4章 「自信」の落とし穴

第5章 「本当の自信」を生み出す習慣

第1章

「自信」とは何か

～自信と不安のはざまでどう生きるか～

私には〝自信〟がない

「自分を信じろ」「自信を持て」と言ったりする。

自信とは何なのか？　自分を信じるとはどういうことなのだろうか？　そもそも自分は信じるに足りる存在なのだろうか？

正直に申せば、私には〝自信〟はない。

「私は自分に自信があります」

もし、そんなふうに言っている人がいたとしたら、私はその人はとても「自信過剰」な人だと思う。

世間では「自信」という言葉は肯定的に、あるいは「いい言葉」として捉えられることが多い。

「自信」という言葉以外にも「努力」「向上心」「目標」などはいい意味で用いられることが多いが、私にはそういった社会的に〝よし〟とされる言葉に、嘘やごまかしを感じる。社会的に力を持っている人間は、下の人間を操るために、往々にしてそういった言葉を用いるからだ。

私は自分自身に〝自信〟を感じたことはない。自分をそのまま100パーセント信じたことはないし、だからといって自分に不信ばかりを抱いているわけでもない。言ってみれば「半分信じて、半分疑う」、半信半疑くらいの感覚である。

この感覚は自分自身に対してだけでなく、自分のまわりにいる人たちすべてに対しても同じような感覚を持っている。

自信過剰な人は、自分を100パーセント、もしくはそれ以上信じているし、そのことが回り回って周囲の人への過度な期待を生むこともある。

しかし、自分自身が自分の期待に100パーセントの確率で応えることはできない。同様に周囲の人たちが自分の期待に100パーセント応えることもあり得ない。

そうなると、自信過剰な人は自分にも、周囲の人たちにも裏切られてばかりということになる。そんな状態が続いたら、生きていることが嫌になってしまいそうだが、そういった自信過剰な人たちは、自分に甘く、他人に厳しいから自分の失敗は頑なに認めようとせず、他に責任を転嫁し、その一方でまわりの人たちの失敗に対しては「なんでそんなこともできないんだ」と厳しく接したりもする。

このような「自分に甘く、他人に厳しい」タイプと付き合いたいと思う人はあまりいないだろうから、〝自信過剰〟な人はやがて孤立していくことになる。みなさんのまわりにもそのような孤立していった〝自信過剰〟な人がひとりやふたり、きっといるに違いない。

まわりから孤立してしまうような自信を持つくらいなら、「半分信じて半分疑う」くらいの感覚でいたほうが人生は楽しく過ごせるのである。

自信でなく、「大丈夫」があればいい

自信を持ち過ぎている、いわゆる〝悪い自信〟に囚われた状態は、人を傲慢にさせる。誰と接しても「自分がもっとも優れた（秀でた）人間だ」と心の中で思っているから、それがどうしても表に出てきてしまうのだ。

私はそのような〝自信満々〟な人を見る度「この人は一体何を勘違いしているのだろう？」と思う。

優秀な学歴を収めていたり、あるいは一流企業に勤めていたり、または医者や弁護士など高所得の職業に就いていたりする人たちはえてして自信過剰な状態に陥りやすい。

彼らは自分たちが通ってきた道、あるいは今の地位を誇り、それを看板にしている。つまり、彼らの持っている〝自信〟とは〝看板〟なのである。

人には承認欲求があり、「まわりから認められたい」と思っているので、どうしても〝看板〟のようなわかりやすい後ろ盾を持ちたがる。承認欲求が強い人ほどその傾向も強いと言えよう。

テレビニュースなどでよく見かける、偉そうな政治家たちも「私は権力を持っているんだ」と看板を掲げ、ふんぞり返っている。

看板を掲げている人たちは、「私は高学歴ですよ」「私は高収入ですよ」「私はいい会社に勤めていますよ」と周囲の人たちに名刺を配ってまわっているのと一緒なのだ。

看板を掲げ、名刺を配ってまわっている人たちは、言って見れば〝着飾って〟自分をよく見せようとしているわけだから、素の状態、自分本来の姿からは程遠い状態にある。

人は素の状態でいることが一番楽なのだが、毎日毎日着飾っていたらそれだけで疲れてしまう。

だが、自信過剰な人たちはそんな疲労の蓄積にも気付かず、つまらない優越感に浸ることで自身の承認欲求を満足させている。

人の欲望には際限がない。だから一時はその優越感に満足していたとしてもすぐに物足りなく感じ、もっとたくさんの優越感を感じるために新たな看板を欲するようになる。

いくつもの看板を同時に掲げていたら、人はやがて身動きがとれなくなるだけでなく、その看板の重みによって自分が押し潰されてしまうかもしれない。

私は雀鬼会では道場生たちから「会長」と呼ばれているが、その実態はただの雀荘のオヤジである。

本を何十冊か出しているが、だからといって「作家」なわけでもない。

私は素の状態で生きることが一番自然に近いことを知っている。だから私は看板も名刺も、何も持たずに今まで生きてきたし、これからもそうやって生きていくつもりである。

あなたは看板を持たず、素の状態で生きているだろうか？

「素を出す」とは、言ってみればダメな自分、バカな自分を恥ずかしがらずに出していくということである。人は自分のなかのよいもの、誇らしく思っているものは隠すどころか、積極的に出すものだ。だから、隠したいダメな部分を出すことが「素を出す」ということになる。

自信が過ぎてマイナスにならないためには、素を出す、つまりダメな部分、バカな部分をどんどん出せばいいのである。そうすれば、自分が抱いている自信というものが、「そんなりっぱなものではないんだ」「たいしたものではないんだ」ということがわかってくる。たとえ自信を抱く対象が世間からものすごく評価されるものであっても、一方でこんなダメなところが自分にあるんだと思えば、自信があるから威張るなどということが人として愚な行為だと気付くだろう。

つまり、ダメなところ、バカな部分を出していくことは、自信が膨らみ過ぎないようその自信を中和してくれるわけである。

過ぎた自信が中和されると、自信は「大丈夫」という感覚に変換される。自分のこういうところは大丈夫だ、あそこも大丈夫だと、2つでも3つでも大丈夫と思えるものがあればそれで十分だと思う。

自信は往々にして自分にゲタを履かせることになるが、大丈夫という感覚は身の丈で自分を捉える素直さをもたらしてくれる。

もし地に足のついた「本当の自信」というものがあるとすれば、それは大丈夫と思えるものを幾つもしっかり持ち続けることなのかもしれない。

「不安は並べて「売る」といい

自信と不安は表裏の関係にある。自信がないから不安になる。すると不安を解消するには自信を付けようとなる。だが、吹けば飛ぶような上っ面の自信ばかりを身に付けても、不安はいや増すばかりだろう。

人は面白いもので、不安をなるべく取り除こうとするくせに、自ら進んで不安を買いにいく変な生物だ。

たとえば、ハイスピードで車を飛ばしたり、遊園地でジェットコースターに乗ったりするのは、下手すれば死ぬかもしれないという不安が刺激的で面白いからだ。

もちろん、多くの不安は嫌なものだから、なんとかしたいとなるわけだが、不安を軽くするための一つの方法として、私は「不安を売る」ことをお勧めしたい。それは蚤の市のようなところで「不安」を並べて売るような感覚だ。

「不安を売る」とは、平たく言えば「自分にはこんな不安があるんだ」と仲間や身近な誰かにしゃべることである。人に話せば、不安という荷物は少し軽くなる。

たとえば、道場で私は足が痛くて歩けないとか、自分の何らかの不安を道場生たちにしゃべったりする。すると彼らはそれを気遣った言葉を投げてきたり、身体を使って助けてくれたりする。7人の道場生がその場にいれば、7人で私が抱えている不安という荷物を分担して持ってくれるわけだ。その分、こちらの不安は軽くなる。

反対に道場生が自分の不安を皆の前で出せば、私や道場生がそれを受け止め、思いやりの言葉を投げかけたり、それをむしろいじって遊びにして不安を軽くしてあげるのである。

先日こんなことがあった。最近は道場で小さな机を並べて簡易な卓球台を作り皆で遊んだりするのだが、そのときとりわけ下手な2人を選び、彼らを中心にして場を作るのである。卓球の上手な人間でなく、下手な人間を中心にすえるのが雀鬼流のやり方なのだ。

彼らは下手だから不安を持っている。だが、その下手さが皆を楽しませる天然の芸になったり、またこちらのアドバイスによって少しづつ上手くなっていくと、そんな不安は消えてしまう。彼らのおかげで場は大いに盛り上がるのだが、もし上手な道場生が中心になっていれば、盛り上がりもさほどなく、下手な道場生の不安はもっと増すはずだ。これはまさに「不安を並べて売る」ことの効果である。

「不安を売る」ことをしないと、自分のなかに様々な不安が溜まって膨らみ、そのうち何がどの不安なのか訳がわからない状態になりかねない。不安はその当人にとっては捨ててしまいたいゴミのようなものだが、別の人からすればそれは買ってもいいようなものだったりする。

麻雀でも要らないと捨てた牌を対戦相手がありがたがって拾ったりする。「不安の売り買い」もそれと同じだ。

不安を道具にしたお金のかかる商売はこの世にごまんとあるが、ここでいう「不安を並べて売る」ことには基本お金が絡まない。現代人が抱える不安の多くは、お金があれば解決できるものだが、その便利さに頼ると後からツケがくる。

お金で不安を簡単に解消することをしていると、いざお金がないときや、お金で解決できない不安に襲われたときは、経験が乏しいから不安に対処できなくなってしまう。

私のいう「不安を並べて売る」という感覚は、お金でなく、思いやりや助け合いの気持ちだけで不安が取引されるからこそいいのである。

〝信〟の付く言葉から信を考える

〝自信〟の〝信〟を用いた言葉は、〝信じる〟以外にも信用や信頼、信念、信条など色々ある。

人が生きていくためには、誰かを信用したり、信頼したりすることが必要となってくる。だが、中にはそういった人の気持ちを逆手にとり、信用や信頼を悪用して自分の願望や欲を満たそうとする悪いやつらもいる。

「あの人は信頼できる」。そんなふうに言われる人は、世間から「能力の高い人」と評価されるわけだが、〝自信〟という看板で自分を繕い、「私は信頼できる人間ですよ」と甘言を弄して近づいてくる人間には注意が必要である。

信用や信頼を悪用する人間をいかに見抜くかは、直感から来る〝違和感〟という感覚を普段から研ぎ澄ませておくことが肝心だ。

「この人とは合うな」「この場所はなんか嫌だな」。そんな直感を普段から大切にしておけば、人を騙そうと近づいてくる人間も「こいつは危険だ」と気付くことができる。

しかし、現代社会に生きる人々は、例えば会社の中で嫌な人間がいたとしても上司として、あるいは同僚として付き合っていかざるを得ないし、自分の勤め先が違和感を覚える場所や環境だったりしても、それを自分の都合で変えることはできない。

そんな〝違和感〟だらけの環境で生きていれば、誰だって〝違和感〟というものに鈍感になってしまう。本能は「危険だ！」「これは嘘だ！」と叫んでいるのにあなたの身体はそんな信号に反応できないほど鈍くなっているかもしれない。


私は真の意味で「自分を信じる」あるいは「人間を信じる」ということはないが、瞬間的に自分を信じることはある。

例えば代打ちをしていた時代、「負けたら消されるかもしれない」という大一番で私はきっと自分を信じていたはずである。

これは何も私に限った話ではなく、好む好まざるを問わず、人には「自分を信じなければならない瞬間」というのは長い人生の中で幾度も訪れる。

そうやって瞬間的に「自分を信じる」ことはあっても、自信過剰な人のように自分を信じ〝過ぎる〟のも考えものだ。

「本当の自信」を持って生きていくには、自信や不信、そういった様々な〝信〟のバランスを図りながら生きていくことが一番大切なのではないだろうか。

答えばかり求めようとする現代人の不安

私は会った人から「桜井さんは不安なんて感じたことないですよね」とよく言われる。だが、それはとんでもない勘違いである。私だって不安を感じることはある。ただ、多くの人が不安に感じることを「俺は別に不安に思わないな」というものはけっこうあるかもしれない。それは多分、世間の人たちが当たり前だと信じていることを、私は信じていないからである。

社会的に当たり前だとされている考え方や常識、モラル、そういったものほど私は常日頃から疑いの目を持って接するようにしてきた。

この世の中には、確証されているものなどほとんどない。私たちが歩み続けている人生という道のりの中で度々目の前に現れる様々な問題や障害にしても、答えのないものがほとんどだ。

確証や答えがないのは、不安定な状態である。人は不安定な状態に置かれれば誰だって不安になる。

しかし、とかく現代人はこの〝不安定な状態〟に置かれていることに耐えられない人が多くなっているように思う。

不安定な中で答えがなかなか見つからなくても、最善の道を探して歩みを進めていくのが人生なのに、今の人たちはそれができない。すぐに答えを求めたがるから、教科書やマニュアルといったものが手放せない。

この世のほとんどのものに確証や答えはないが、学校の勉強には答えがある。だから人は知らず知らずのうちに答えを求めて、そして優秀な人と認められたくて勉強するのだろう。

学業で優秀な成績を収めた人たちは、自分は勉強したお陰で人生の確証が得られた、不安定な状態から脱することができたと、自信を持つ。

でも、学力社会の中の評価から得た自信は学問の中でだけ成立するものであって、答えのほとんどない人生や、自然界の中ではあまり役に立たない。

いい学校を出ているから優秀、大企業に勤めているから能力がある、そんな人が作ったものの中で確証ばかり求めていると、人間が本来持っていた強さがどんどんと薄れていってしまう。

生きていく中で何か問題や壁にぶち当たった時、それをクリアする真の強さはこの社会でよかれとされている価値観の下で培われた〝自信〟からは決して生まれてこない。

人が人として生き抜く強さ。それは人為的に定められたものではなく、不安定は当たり前と受け入れ、その状態を生き抜いていくことで育まれていくものなのだ。

自分以外のものを信じ過ぎる人々

自分を信じ過ぎる状態は、繰り返し述べているようにあまりよい状態とは言えない。何事も「半分信じて、半分疑う」くらいの心持で生きていれば、騙されたり、あるいは惑わされたりすることもないと思うのだが、人間は何かにすがったり、頼ったりしていたい生き物であるから、一旦「これを信じよう」と思ったらその道に突っ走ってしまうようなところがある。

何かにすがり付いている状態は、「自分以外のものを信じ過ぎている状態」である。自分を信じず、他者（あるいは他の何か）を信じきっているのだから、そこに核となるはずの「自分」というものが存在しない。

核がないということは軸がないということ。独楽も軸がしっかりとしていなければ長く回り続けることができない。要するに、軸がないのは、惑わされてフラフラの状態と言える。

世の中には、自分以外の何かにすがり付いているがために、フラフラの状態になってしまっている人がたくさんいるのだ。

人が信じるもの、すがり付くものと聞くとまず「宗教」を思い浮かべる人が多いと思うが、この世の中で人を惑わすものは宗教以外にもたくさん存在する。

世間で話題となっている健康法やダイエット法だって、人を惑わすものである。

とある健康法にすっかりはまってしまい、気付いたら内臓疾患で入院することになってしまった。とあるダイエット法を信じきってしまった少女が拒食症となり、生死の境をさまようような危険な状態になってしまった。そんな話は枚挙に暇がない。

先日も著名な方が健康ランドの帰りに倒れ、救急搬送されるというニュースが話題となったが、健康ランドにいって不健康な状態になってしまったわけだから何とも皮肉なものである。

〝信じる〟という行為もそれが過剰になれば〝囚われる〟状態に変化し、世の中の情報に振り回されるようになってしまう。

自分以外の何かを信じきってしまっている状態は〝囚われ〟であり、それは〝自信〟ではなく〝不信〟の状態である。

自分を信じ過ぎた〝悪い自信〟に囚われた状態でなく、さらに自分を信じない〝不信〟な状態でもない。そんな〝中庸〟な状態が人の精神に健やかさをもたらしてくれる。

もし「本当の自信」に少しでも近づきたいのであれば、私たちはそんな〝中庸〟な状態にあるべく、何ものにも囚われずに生きていくことが大切なのだ。

「本当の自信」とは自分らしく生きること

自信過剰でもなく、かといって不信でもない。そんな「本当の自信」を持つためには、何といっても自分らしく生きることが重要だ。

自分らしさを出し、自分らしく生きるには、自分で決めた道を歩んでいくのが一番である。親や教師など、他の人が選んだ道ではなく、自分で選んだ道を自らの力で歩んでいく。そうすることで自分らしく生きることができ、「本当の自信」も育んでいくことができるのだ。

進むべき道を自分で選ぶ。人生は「選択の連続」であるから、自分らしい人生を歩んでいくには「選ぶセンス」もとても大切となってくる。

つまり、「選ぶセンス」の悪い人は、当然のことながら「間違った選択」も多くなるわけだから、進むべき道を誤ることになり、結果として自分らしく生きることも、「本当の自信」も持てなくなる。

利害や損得ばかりの、今の社会の価値観に合わせた選択をしていたら、自分らしく生きることからどんどんと離れていくことになる。

だから、自分らしく生きたいのであれば、まずは今の社会に合わせた価値観を捨てなければならない。

自惚れたり、高飛車になったり、威張り腐ったり人を馬鹿にしたりせず、損得ではない、「自分の基準」に則って物事を選択していくのである。

そうやって自分らしく生きることを続けていった先に、「本当の自信」は表れる。

とはいえ、中には「自分の道が何なのか、わからない」という人もいるに違いない。

確かに、仰々しく「自分の生きる道」などと言うと、「自分の道とは何だ?」となってしまうのもわかる。

だったらまずは、自分の好きなことをとことんしていけばいい。子供の頃から親の言うまま、大人の言うままに生きてきた人には、「自分は何が好きなのか?」すらまともにわかっていない人が多い。そんな人こそ「自分は何が好きなのか」「何をしていると楽しいか」をまず考えてみるべきだと思う。

親や学校の先生が何と言おうが、そんなことは一切関係ない。好きなこと、楽しいことをとことん続けて遊んでいけばおのずと「進むべき道」というものは見えてくるものなのだ。

オリジナリティが「本当の自信」を育む

人生という道を歩んでいると、いろんな選択肢が次々と目の前に現れる。そんな時、「自分らしい道」を選ぶには、社会の常識や流行、あるいは周囲の人々の意見などに惑わされず、独自の考えで決断していくことが大切である。

私は今まで、自分の考え、直感といったものをとても大切にしてきたし、そのお陰で独自の道を歩んでこられたと思っている。

そういえば、私は自分の身にトラブルや問題が降りかかってきた時、自分以外の人に悩みや迷いといったものを相談したことがない。

もちろん、雀鬼会や家庭内などで起こった問題に関して「それはみんなで話し合って決めましょう」としたことはいくらでもある。

だが、迷ったり、悩んだりしているからといって「誰か相談に乗って」とお願いしたことは一度もない。

私がここまで自分の問題に関して独断でやってきたのは、それが「私の性分」であるからだ。

私は自分らしく、自分の道を歩いていきたいから、誰かの意見によってそれを決めるようなことはしたくなかった。

そのお陰で何とかここまで自分らしくやってくることができたし、結果的にうまくいったことのほうが多かったように思う。

「自分はこれでいいんだ」と自分を信じる感覚は、自分の生き方に納得しているから生まれてくる感覚である。

自分に自信のない人は、もしかしたら周囲の意見に流され、「自分の納得のいく生き方」ができていないのかもしれない。

だったら、まわりの意見などに惑わされず、社会の常識や体裁といったものも気にせず、〝独断〟という選択をしてみてはどうだろうか。

独断は周囲の空気を乱し、和を乱すもの。そんなイメージに惑わされずに、自分が納得のいく〝独断〟の道を突き進んでほしい。

自信はあるがままの自分を受け入れるところから始まる

世の中、ポジティブシンキング流行りである。ポジティブな人は考え方がプラス思考なので、いつも前向きだ。少々のことではへこたれず、逆境さえもその後の飛躍のバネにしてしまうようなところがある。

だが、ポジティブな人がいつもポジティブかというと、決してそんなことはないと思う。どれほどポジティブな人であっても、気分のいい時と悪い時があるだろうし、ネガティブな一面はきっとどこかに持っているはずだ。

一番よくないのは、ポジティブ側、あるいはネガティブ側、どちらか一方に偏ってしまうことである。

明るさや暗さは誰もが持っているものであり、そういった精神のバランスが崩れた時、人は心を病んでいくのではないだろうか。

一般的に〝ポジティブさ〟は「いい個性」として捉えられている。確かに、ネガティブな人と一緒にいるより、ポジティブな人と一緒にいたほうが楽しいから世間の評価がそうなるのは理解できる。

しかし、人の迷惑を顧みないような〝ポジティブさ〟も時折見かけたりする。自分のポジティブさのせいで周囲の人をネガティブにしてしまっては意味がない。

明るければなんでもいいというわけでは決してない。行き過ぎた〝ポジティブさ〟も、精神のバランスを崩した状態であると言えるのだ。

過剰にポジティブな人は、いつでも、どんな時でも明るい。だが、私から見るとそのような人たちはちょっと〝不自然〟である。

みなさんのまわりにも「いつもポジティブ」「いつも元気」な人がもしかしたらいるかもしれないが、そういった人たちの中には自分の〝弱さ〟や〝ダメさ〟といった陰の部分を正面から見ようとせず、ひたすらポジティブな明るさで隠し、ごまかそうとする人もいる。

自分の中に人間的な強さを少しでも増やしていきたいと思うならば、自分の「負の部分」を見つめることから始めればいい。

自分の弱さ、ダメな部分を見つめるのは誰にとっても嫌なものかもしれない。しかし、そんな一見ネガティブとも思えるそういった行為をすることによって、新たな自分が創造されていく。

人間的な強さも、「本当の自信」も、陰と陽、正と負に偏ることなく、あるがままの自分を受け入れることから生まれるのである。

自信満々の社長は社員に依存している

人間には動物としての本能から来る食欲、性欲、睡眠欲という三大欲があると言われているが、現代社会にはそれ以外にも様々な〝欲〟が存在し、そんな余分とも言える〝欲〟によって人間はもちろん、この社会自体が大きくバランスを崩しているように思える。

金欲、物欲、権力欲などは私からすると、精神のバランスを保つ上でできるだけ省いておかなければいけない欲である。

中でも「人の上に立ちたい」という権力欲は、周囲の人たちにも大きな迷惑をかける欲でもあるのでとても厄介な存在だ。

しかも権力者たちは上に立っているように見えて、実は下の人間がいなければ何もできない人間が多い。

つまり、普段から自信満々な風を装い威張り腐っている社長も、その看板を引っ剥がせば社員に依存している寄生虫とも言えるのだ。

頂点に君臨しているように見える権力者も、実は下の立場の人間に依存しているだけなのは先述した通りだが、この〝依存心〟は誰もが持っているものでもある。

人はこの世に生を受けてからしばらくの間は、誰かに依存しなければ命を保てない。この時期に刷り込まれた依存心は小さくなってはいくものの、人の中からなくなることはない。だから人はお金やモノなど、大人になってからもいろんなものに依存しているのである。

この社会では「大人になったらしっかりと自立して生きていかなければならない」と考えられている。

しかし、人間の根底には〝依存心〟というものがあるから、真の意味で「自立して生きる」ことのできる人などこの世にはいないと言える。

とはいえ、「自立して生きよう」と考えること自体は決して悪くない。ただ「自立しよう」という考えに囚われ過ぎると自我が強くなって、周囲の人たちとバランスの取れた接し方ができなくなる危険がある。

自我が強くなり過ぎると先に述べた権力者のように、「実は下の人間に依存しているだけ」といった状況になったり、あるいは周囲から浮いて孤独な状態に陥ってしまったりすることになるから注意が必要だ。

大切なのは「依存心は誰もが持ってるもの」と自覚し、〝依存〟と〝自立〟の中でうまくバランスを保ち、生きていくことである。

「済ませていく」感覚が自信となって表れる

会社などで仕事をバリバリとこなし、結果もちゃんと残している人は「できる人」とされる。

そんな「できる人」がいる一方で、「あの人は何をやってもダメだね」と周囲から言われてしまう「ダメな人」もいる。

「ダメな人」を見ていると、ある共通点に気付く。それは、何をするにも後手に回ってしまっているということだ。

「ダメな人」は自分以外の誰かから言われないと行動を起こせない。だから「あれやった?」と聞くと「これからやります」「今から考えます」という答えばかりが返ってくる。

「ダメな人」はやることとなすこと、すべてが後手、後手になっているからあらゆることに間に合っていない。これでは「ダメな人」と言われて当然であろう。

では、「ダメな人」はどうすればダメな自分から脱却できるのだろうか？ それには「できる人」がどうしているのかをよく見れば、答えは自ずと導き出される。「できる人」は毎日の生活の中で、次にやるべきこと、あるいは起こることに対してしっかりと準備をしている。

しかし、用意すればいいのは〝準備〟だけではない。私は雀鬼会で道場生たちに「すべての物事は繋がっている。しっかりとした〝準備〟の後に〝実行〟があり、その〝後始末〟をちゃんとすることで次の〝準備〟がスムーズにできるようになる。だからこの〝準備・実行・後始末〟のサイクルを忘れてはいけないよ」と教えている。

「準備・実行・後始末」。このサイクルを続けていくことでいろんな物事に〝間に合う〟ようになり、「これからやります」ということはなくなっていくはずである。

このように、あらゆることを「済ませていく」感覚はとても大切で、「済んだ」ことが増えていくと、心の中が「澄んだ」状態となる。

「できる人」は自信があふれているように見えるが、実は心が常に「澄んだ」状態にあるから、その余裕が自信となって表面に出てきているのだ。

第2章

自然体が「本当の自信」を生む

自然体とは何か？

本章では、いかにして自然体で生き、そこから「本当の自信」へと繋げていくかについて述べていきたいと思うが、その前に「自然体とはそもそも何なのか？」についてお話してておかなくてはならないだろう。

自然体とは、自然界で生きる生き物たちすべてに共通した「自然な動き」のことである。森の木々も草花も、サバンナに暮らす野生動物たちも、海辺に打ち寄せる波も、海中で生きる魚たちも、すべてが「自然な動き」で生き、その生を全うしている。

しかし、だからといって、私たちが自然の中に出かけていって、そこで暮らせば動物たちと同じような「自然な動き」ができるようになるのかといえば、答えは〝否〟である。

〝大自然〟と聞くと、みなさんは風光明媚な自然界の美しさを連想するかもしれない。確かに自然は美しい。しかし、自然界はそんな美しさ以外にも、私たちの想像を超えた厳しさや険しさも持っている。

それが山岳地帯であろうが、大海原であろうが、サバンナであろうが、大自然の真っ只中で生きるのには非常に困難さが伴う。

ましてや私たち現代人は自然とは対極にある〝人工物〟に囲まれた環境で生きている。そんな〝無菌室〟で育てられたような軟弱な現代人が大自然の中にポンと投げ込まれても、そこで生きていくことのできる人はほとんどいないだろう。

とはいえ、私たちの中には太古の人類が持っていた、自然体で人間が生きていた頃のＤＮＡがしっかりと息づいている。

便利なものに囲まれ、私たちはかつての人類が持っていた「自然な動き」を見失っている状態にある。

つまり、私たちが本当に自然体で生きようと思えば、各自の中に眠っている「自然界で生きる感覚」を取り戻すより他ないのだ。

自分を信じるにはまずは自然な動きから

本当に自分を信じることができている人には、変な力みやぎごちなさをまったく感じない。

自然界の生き物たちのように〝自然な動き〟ができていれば、〝信じる〟という感覚を仰々しく抱えている必要はない。自然な流れの中で無駄のない動きができれば、表立った〝自信〟など本当は必要ないのである。

かつて私が麻雀の代打ちをしていた時代は、その道を極めた猛者たちが時折私の対戦相手となった。

対局中、「こいつは強いな」と思える相手はいずれも「自然な動き」をしていた。彼らからは「絶対勝ってやる！」という力みも、「俺が一番強いんだ！」という過剰な自信も感じられなかった。静かで速く、無駄のないやわらかい動きで牌を打ち続けていく。強い相手はみなそういった自然な動きをしていた。

自然な動き。これを言い換えるならば、川の清らな流れであり、魚たちの無駄のない泳ぎ方であり、風に枝を揺らす樹木の生命力であり、ジャングルの木々の間を滑らかかつ俊敏に渡っていくサルの動きとなる。自然界に生きる生物たちの動きはかくも美しいものなのである。

自分に自信を持ちたい。心を強くしたい。そう願うのであれば、〝強さ〟を求める前に自然体でいることを目指すべきだろう。

自然な動き、思考は心身を柔軟にし、常に平常心でいられるためフレキシブルな対応も可能となる。自分の可能性を最大限に発揮してくれるもの。それが〝自然体〟なのだ。

自然体で生きることの大切さ

先述したように私は自分自身を信じられるか、信じられないかといえば、「100%は信じられない」と応える。

自分自身のすべてを信じないわけではないが、私もひとりの人間である。私は「人間はあまねく〝信じられない存在である〟」と考えているから、当然のことながら自分も信じることができない。

人間には動物的本能からくる食欲、性欲、睡眠欲という三大欲求がある。そして、動物的本能ではない、文明が進歩する中で生まれてきた様々な欲も持っている。

金欲、物欲、権力欲など、現代社会に蔓延る欲はいくつもあり、それらは人間の煩悩などと呼ばれたりもする。

人間はそんないくつもの欲、煩悩に惑わされながら生きている。きっと自然界に生きる動物たちからは、私たち人間は欲に惑わされながらあっちにふらふら、こっちにふらふら、足元の覚束ない「酔っ払い」のように見えているかもしれない。

自然界に生きる生き物たちはみな、自然体で生きている。一方、人工物に囲まれた社会で暮らす人間の中で、自然体で生きている人など皆無である。欲に惑わされ、不自然な状態で生きている我々人間を「信用する」ことなど土台無理な話なのだ。

人類が残してきた歴史を振り返ってみても、人と人が騙し合い、殺し合い、憎み合う、そんな「信じられない」ようなことの連続である。

自然界は弱肉強食の世界だが、生き物たちは自らの欲を満たすために、あるいは憎しみや怒りの連鎖によってお互いを傷付け合ったり、殺し合ったりすることはしない。

人間が互いに傷付け合ったり、殺し合ったりするのは、人間の中に〝残酷性〟が存在することを表している。

「いや、私にはそんな残酷性はない」という人もいるかもしれない。

でも、残念ながら、現代社会に生きる人々はみな、残酷性を持っている。これは煩悩を持ってしまった人間の宿命と言ってもいい。

私たちはみな残酷性を持っている。その事実を認めた上で、私たちは最善の一歩を模索しながら生きていかなければならないのである。

「物事はすべて繋がっている感覚を持つ」

人の心の中にある〝自信〟と〝不安〟が表裏一体の存在のように、すべての事象、物事は繋がりを持っている。

そして、それは自然界を見ていればとてもよくわかる。

雀鬼会では夏休みになるとみんなで伊豆の海へと繰り出す。東伊豆の貸別荘を長期に渡って借り、そこを拠点にして朝から晩までひたすら海に潜って遊ぶのである。

私たちは観光客がビーチパラソルを広げて楽しむような砂浜ではなく、釣り人さえも来ないような荒々しい岩場で素潜りを楽しむ。

岩場での素潜りは、海に入る時点から注意が必要になる。岩には貝やフジツボが固着しているので、入るタイミングを間違えると波の力で岩に衝突し、身体が傷だらけになってしまう。

だから、私は素潜り初心者の道場生には海に入るタイミングから指導する。そのためには、刻々と変化する「波の状態」をその瞬間、その瞬間で把握しておかなければならない。

「波の状態」を確認するため、私はまず水平線を見る。水平線の色、形などを見ながら、何時間後かに訪れるであろう変化を察知する。

水平線にちょっとでも盛り上がっているところがあれば、それは「ちょっと経ったら波がきつくなるよ」という危険信号だ。

しかし、その「水平線の盛り上がり」にしても、大海原のはるか彼方のちょっとした変化に過ぎないため、見慣れていないとそれを捉えるのは難しい。

現場の変化を見るだけでは、やがて訪れるであろう変化に対応することはできない。

「一番遠くの変化がやがてこちらにも影響を及ぼす」ということをどんな時も忘れてはならないと思う。

雨は雨雲があるから降る。そしてその雨雲は風によって生じ、運ばれてくる。つまり、雨を察するには、まず風を感じる必要があるのだ。

遠くの現象、あるいはまったく別の現象、そういったこともすべて目の前の現象に繋がっている。万物はすべて人が感知できないところで繋がっているのだ。その繋がりに気付くには繊細な感覚がなくてはならない。いうまでもなく、こうした感覚もまた自然体を成す大きな要素である。

イチロー選手の揺るぎない自信

44歳となった今もプロの世界で活躍を続けるイチロー選手は、野球界という枠に留まらず、様々な分野の人たちに今もいい影響を与え続けている。

イチロー選手くらいのレベルになれば、緊張も不安もあまりないのではないかと思う人もいるかもしれないが、勝負の世界に生きる人間としてイチロー選手にも不安はいつも付きまとっているはずだ。

だが、傍から見るとイチロー選手はいつも自信が漲っているようにも見える。だとするならば、イチロー選手にあるのは自信ではなく何なのか？　私はそれは〝型〟であり、〝軸〟であると考える。

イチロー選手は試合前の準備、そして試合後のケアと、自分の体調をベストの状態に維持しておくためにその管理を怠らない。

己の肉体の持つ力、そして柔軟性を保つために、彼はしっかりとした準備とケアを欠かさないのだ。

イチロー選手の動きは、私の好む「柔らかい動き」である。そして、彼の自然体に近い「柔らかい動き」を実現しているのが、彼の中にある〝軸〟である。

だが、彼の中にあるのは独楽のような一方向にだけ作用する軸ではない。ある時は縦に、ある時は横に、またある時は斜めにと、彼の〝軸〟はその時々で自在に変化する。その〝軸〟があるからこそ、彼は44歳になった今もプロの世界で活躍できている。

一般のスポーツ選手は筋力に頼った動きをするが、イチロー選手は〝筋力〟ではなく、〝感覚〟で動いている。

〝筋力〟は力みに繋がり、力みは心身の硬さに繋がる。だが、〝感覚〟に則っていればいつでも柔軟かつスピーディーな動きをすることができる。そんな柔らかい動きを実現してくれるのが〝軸〟なのである。

〝3S〟で気持ちよく生きる

「本当の自信」を持っている人は自然体に近い生き方をしている。「自然体に近い生き方」とは、簡単に言えば「気持ちよく、気分よく生きる」ことである。

たとえば、排気ガスにまみれた環境で生活するよりも、大自然の広がる森や海で過ごしたほうが気持ちがいい。でも、文明の発展によっていろいろなものを進化させ、人工物に囲まれた生活をしている私たちは、人間の本能として存在していた「気持ちよく生きる」という感覚を閉じてしまっているように感じる。

気持ちよく生きる感覚が閉じてしまえば、当然のことながら「自然体に近い生き方」などできるわけもない。

私は家でも雀鬼会の道場でも、常日頃からみんなが気持ちよく過ごせるように心がけている。どんなことをするにも「どうやったらこの場が楽しくなるかな」と常に考えて生きている。

道場生たちにも気持ちよく、楽しく過ごしてほしいから、いつも私は「〝3S〟を大切にしよう」と言っている。

雀鬼会の掲げる〝3S〟とは頭文字がSで始まる3つの単語を並べたもので

「シンプル」

「スマイル」

「スキンシップ」

の3つからなっている。

物事は複雑にせず、シンプルに考える。デジタル的なつながりではなく、生の触れ合い、スキンシップを大切にしながら、いつも笑顔で。そうやって3つの〝S〟を大切に持ち続ければ明るく、楽しく、生きることができる。

みなさんもちょっと嫌な気分になっていたり、暗くなっていたりする自分に気付いたら、この〝3S〟を思い出してみてほしい。

そうすれば「自然体に近い生き方」ができるようになり、そんな日々の積み重ねが「本当の自信」へと繋がっていくはずである。

自然界の生物たちに〝自信〟はない

自然界に生きる動物たちは、人間が持ちたがる〝自信〟などとは無縁である。だから彼らの動きには力みがないし、無駄がない。彼らは自然の流れに沿って、流れるように生きている。

現代社会に生きるほとんどの人は、自然界の動物たちのような「自然な動き」をすることができない。

自信を持つために努力を重ねた結果、心身に力みが生じ、精神も肉体も硬くなってしまっている。そんな状態ではとてもではないが「自然な動き」などできるわけがない。

でも、極まれに「あ、この人の動きは自然体だな」と思う人に出会ったりすることもある。

自然体の人の動きには〝自信〟もないが、〝不安〟もない。要するに人は〝自信〟を持とうとするから、必然的に〝不安〟も抱えることになり、その結果として自然な動きができなくなってしまっているのだと思う。

自然に近いところで生きている人は、動きも自然体である。日本を代表する登山家、冒険家として知られた植村直己さんも当時テレビなどでよく拝見したが、その動きはとても自然だった。

人類は文明を進歩、発展させるために、便利さを追求し、〝努力〟というものを積み重ねてきた。

しかし、〝自然〟からどんどん離れていくのが人類の〝進歩〟であるから、人間はそうやって自ら「自然な動き」から遠ざかっている。この先、「自然体」の人がますます少なくなり、「自然体」という言葉自体も死語となる日がくるのかもしれない。

自信がある人でも揺れている

どんな状況になっても動揺せず、泰然自若としている人は、その内側に圧倒的な自信を秘めているように感じたりするものである。

だが、どんなに〝自信〟を持った人でも、その中にある心は揺れている。もし、どんな逆境にあっても堂々として見える人がいたとしたら、その人は「いい揺れ方」をしているゆえに周囲からは動揺しているように見えないのだと思う。

揺れ方には「いい揺れ方」と「悪い揺れ方」があり、心の動揺がすぐ表に出てしまう人は「悪い揺れ方」をしているわけだ。

簡単に一言で「悪い揺れ方」と言っても、体が左右に大きく揺れ動くような状態を指しているのではない。

心が悪い揺れ方をすれば、それが手の震えとして出たり、顔が強張ったり、目が泳いだりと、体の動きに悪影響を及ぼすだけでなく、思考も混乱して正しい判断が下せなくなってしまう。

では「いい揺れ方」とはどういったものなのか？「いい揺れ方」とは、「自然な揺れ方」とも言いかえることができる。すなわち、自然を観察すれば、「いい揺れ方」というものが感覚でわかるはずである。

森に生える木々は、風が吹けば枝や葉を揺らすが、その幹はどっしりとして微動だにしない。あるいは、小川のせせらぎや砂浜に打ち寄せる波音、夏の夜の川辺を彩るホタルの光の明滅など、人を気持ちよくしてくれる自然の波動はいずれも「いい揺れ方」である。

人は窮地に追い込まれたり、大きな障害にぶつかったりすると心を揺らす。しかし、その時に「悪い揺れ方」をして思考を混乱させることなく、「いい揺れ方」をするようにして思考をできる限り明晰な状態にしておくよう心がけるのだ。

ピンチの時、人はどうしてもその対象となる人やモノを凝視してしまう。でも、そんな時こそ、もうひとりの自分が全体を俯瞰しているような〝全体眼〟を持つようにすれば、徐々に「いい揺れ方」ができるようになるだろう。

肝心なのは「心を揺らさないようにしよう」と思うのではなく、「いい揺れ方をしよう」と常に心がけることなのだ。

深く考えず、浅く生きよう

子供は大人たちから「よく考えなさい」と教わって育つ。よく考えればテストの点数も上がるだろう。さらに、よく考えてから行動するようになれば衝動的な動きも抑制されるから失敗も減るかもしれないし、大人になって社会で働くようになれば「よく考える」タイプの人間の方が現代社会では評価される。

〝浅薄〟や〝軽薄〟という言葉にも表されているように、言動の軽い「浅い人」は世間から見下される対象となりやすく、昔から人は「深く考えるほうがいい」と思われてきた。

でも、私は昔から世の中のそんな〝常識〟には常に半信半疑の感覚を持って接してきたため、若い時分から「深く考えるより、浅いほうがいい」と思って生きてきた。

目の前にある複数の選択肢からひとつを選ばなければならない時、あるいは複雑に絡み合った問題を解決しなければならない時、物事を深く考え過ぎるとそれは〝迷い〟に繋がり、選択を誤らせたり、行動を鈍らせたりする原因となる。

だから、深く考えることなく、瞬時の判断、この場合はそれを〝直感〟と言い換えてもいいと思うが、その〝直感〟に従って私は目の前の様々な選択、問題と対峙してきた。


世の多くの人は、深く考えることで物事の本質を見極められると考えているかもしれないが、思考を巡らせて深いところに潜っていくと息が苦しくなり、「思考の酸欠状態」となってしまう。思考がそのような状態にあって、物事の本質を見抜いたり、正しい選択をすることが果たしてできるのだろうか？　答えは推して知るべしである。

私が今までに記してきた書物などでは、物事をシンプルに捉え、その本質を簡単な言葉で表してきた。すると、それを逆読みして「さすが桜井さんは深い」と感心してくれる読者の方々もたくさんいらっしゃったが、私は何も物事を深読みをして諸問題の答えを導き出してきたわけでは決してない。

世間ではよく「本質をつかむ」というような表現をするが、私は「本質」をつかもうとしたことは一度もない。私がしてきたこと、大切にしてきたことは「本質に触れる」という感覚である。

多くの人はこの経済社会の中で「得ること、豊かになること」が「いいこと」だと教わって生きてきたから、物事の本質も「しっかりとつかもう」としてしまう。そしてその結果、思考から俊敏さが奪われ、本質に触れるチャンスを逸してしまっている。

本質というものは実にシンプルなものである。シンプルなものだから、しっかりつかむ必要などなく、軽く触れる程度でも十分に理解することができる。多くの人は物事を深く考えてしまうから、こんな簡単なことが理解できていないのだ。

私は今まで、自然界の流れ、そしてそこに生きる生物たちを観察することで多くのことを学んできた。

自然界の生物たちは、科学も経済も知識もまったく関係のない世界で、〝本能〟という自然が発する言葉に従って生きているだけだ。

私が大切にしてきた「本質に触れる感覚」は自然界の生物たちが持っている〝本能〟であり、その感覚を磨くことで鋭い〝直感〟も身に付けることができた。

もし「浅はかなやつだ」と周囲の人たちから見下され、自信を失っている人がいるとしたら、私は「浅はかでいいんだよ」と言ってあげたい。

浅く、広く、センサーを張り巡らせることで、何かことが起こったら瞬時に目的のものを見つけ出すことができる。

現代人に必要なのは、自然界に近い、そんな「浅く考える感覚」ではないだろうか。

おどおどした人の自信の取り戻し方

「大勢の前に出ると、どうしても緊張してしまう」。そんな緊張しがちな人は、傍から見るとおどおどして見えるものだ。

逆に、「緊張はあまりしたことがありません」という人は、なぜか自信にあふれているように見えたりもする。

おどおどして見える人と、自信にあふれ堂々とした人。どちらが社会的に信頼が得られるかといえば、もちろん堂々とした人のほうである。

では、緊張しがちな人は、どうしたらおどおどしなくなるのだろうか？　緊張を薄めるには、一体どうしたらよいのだろうか？　そのためにはまず、「緊張状態」と「リラックスした状態」とはどういうものなのかをしっかりと理解することが大切だ。

「緊張状態」は最初に心が固くなり、その次に身体も硬くなってしまう。これではその人の持っている力を十分に発揮することはできない。

「緊張状態」とは反対の「リラックスした状態」は、ただ単に緩みきった、弛緩した状態ではない。いい形の「リラックス」は、緊張と弛緩がほどよいバランスで混在している状態である。人はその状態にある時に、自分の持てる力を十分に発揮できるのである。

「あの人はいつも自然体だよね」と言われる人は一見すると「ただ、だらんとした状態」に見える時もある。

だが、そこには絶妙な加減で「緊張と弛緩」が混在している。

つまり、「緊張状態」にある人は過度な緊張を抱えてしまっているわけで、そのような〝固い〟状況にある時はまず、身体の硬さを取る（ほぐす）ことから始め、その次に心に緩みを入れてやるようにすればいいのだ。

心に緩みを与えるためには、心の中にある不安を取り除くことが一番効果的である。

「いつもよりうまくやろう」とか「絶対に勝たないといけない」とか「失敗は許されない」とか、そういったプレッシャーをかけてしまうと、心の中の不安はどんどんと大きくなっていってしまう。

だから、緊張するような場面に出くわした時こそ、「いつもの自分をそのまま出せばいいんだ」とか「失敗したって死ぬわけじゃない」と思うようにすればいい。

結局のところ、緊張状態とは自分自身の心が作り出しているものであるから、自分の心を解きほぐせば緊張も取れ、「緊張と弛緩」がほどよく混在した「いいリラックス状態」を作り出すことができるのである。

利益のないことをやる〝覚悟〟が「本当の自信」を生む

人は、言ってみれば自信と不安の間を行ったり来たりしながら、日々の営みを続けている。

また、表面上は自信満々に見える人でも、心の中は不安でいっぱいだったり、それとは逆におどおどして見える人が実は自信に満ち溢れていたりと、その人が自信と不安のどちら側に寄っているのか、外見から判断するのは意外と難しい。

しかし、心の中がどんな状況であろうとも、人は毎日の生活の中で〝選択〟を迫られ、そこで何らかの〝決断〟を下している。

ただ、自信のない時、あるいはあまり気乗りのしない選択をしなければならない時、人はある種の〝覚悟〟を持って決断を下す。

〝覚悟〟とは、言葉を換えれば「腹をくくる」ということであるが、損得勘定に則って「あまり気乗りはしないけど、得しそうだから腹をくくろう」というような決断は、本当の〝決断〟、あるいは本当の〝覚悟〟とは言えないだろう。

自分には何の利もないけれど、それでもやらなければならない。そういった損得勘定を抜きにしたところから発せられたものが本当の〝決断〟であり、〝覚悟〟なのである。みなさんが人生の中で決断を迫られた時、それだけは忘れないでいただきたい。

「本当の自信」と矜持の関係

〝プライド〟とは海外から入ってきた考え方だが、日本には古くから似たような意味合いの言葉で〝矜持〟と呼ばれるものがあった。矜持という言葉が使われるとき、そこには本物の自信の匂いを感じさせるものがある。それはプライドにはない響きではないだろうか。たとえば、矜持と深い関係にある言葉、気骨。これはプライドという言葉がよく使われる場面においてはあまり感じられない。

戦前の日本人には気骨があった。私が幼い頃にも、まわりにいる大人たちにはみな気骨があった。私はそんな「気骨のある男たち」を見て、「私もあんな男になりたい」と思ったものである。

だが、平成の今の世で「気骨のある人」に出会うのは本当に稀である。「気骨」という言葉ですら、滅多に聞くことはなくなってしまった。

日本に古くからあった〝矜持〟は生活習慣のひとつとして、日本人の中にしっかりと根付いていたのだ。

一方の海外生まれの〝プライド〟という言葉が使われるのを見ていると、表面を取り繕っただけの、〝張りぼて〟のような印象を抱いてしまう。やはり日本人が持つなら〝プライド〟よりも〝矜持〟のほうがいいように思う。矜持をしっかり持つことは、「本当の自信」に繋がるように感じるからだ。

「自分にはどんな矜持があるのか？」。そんな問いを常にどこかでしていたいものである。

社会に惑わされず「自分らしさ」を保つ

好景気に沸いたバブルの頃は、街が「自信過剰な人たち」であふれ返っていた。今考えると、〝時代〟と〝日本〟そのものが自信過剰になっていたからその中で生きていた人たちがそうなってしまうのもしょうがないことだったのかもしれない。

本書の中で繰り返し述べてきたが「過剰な自信」は人間にとっていいものではない。ほどよい加減の自信と、その反対の〝不信〟をバランスよく併せ持つことで、私たちの生き方自体のバランスも整えられていく。

しかし、今の社会はバブルの頃と正反対。多くの人が自信を失い、背を丸め、うつむき加減で街を歩いている。

自信がプラスに傾き過ぎた過剰な状態がよくないように、マイナスの自信喪失状態ももちろんバランスの取れた状態とは言えない。

では、現代社会に生きる私たちはどのような心持ちで生きていけばいいのだろうか？

そのための対応策はふたつほど考えられる。

まずひとつ目は、成果ばかりを追い求める「結果至上主義」の考え方を改め、仕事自体の楽しさ、面白さを追い求めていくようにする。つまり、〝過程〟の中で遣り甲斐を見出していくようにするのである。

ふたつ目は自分にとって本当に必要なもの、大切なものは何かを今一度、再考してみることだ。

そうすれば、今までの自分がいかに不必要なものを欲しがったり、無駄なものを追いかけたりしていたかがよく理解できると思う。

私たちは、知らず知らずのうちに、マスメディアや世の中の流行、あるいは常識といったものから、誤った考え方、生き方を刷り込まれている。

だから、自信過剰な状態も、自信を喪失した状態も、ある面、社会や時代によってもたらされた〝錯覚〟であり〝まやかし〟とも言えるのだ。

社会の状況に関わらず、「本当の自信」に支えられた自分を保つこと。それは表面的な結果主義に惑わされず、過程を大切にする感覚から育まれるものであることを忘れないでほしい。

「気骨のある人は「本当の自信」を持っている」

前項で気骨の話が出たので私なりに思う〝気骨〟に関して、ちょっと触れておきたい。戦前の人たちの多くが持っていた気骨。では江戸時代や明治時代の人たちが持っていて、今の人たちが気骨を持っていないのはなぜなのだろうか。

〝気骨〟とは、その名の通り、骨から発せられる、言い換えれば体の芯から発せられる〝気概〟のことである。

だが、〝モノ〟にあふれ、豊かになった現代社会において、人々は身も心も何かで装ったり、取り繕ったりして、表面上だけで繋がろうとし、心の奥底にある本音、本心を絶対に見せようとはしない。

文明を進歩させながら、便利さ、効率を追及し、人と人は表面上だけで繋がりを持つようになり、体の芯から発せられるような本音、人間の本質の部分で繋がることを「面倒なこと」としてすっかり排除してしまった。

すべてが表面上で取り繕っているだけ。こんな世の中では、気骨のある人が減っていって当然である。

気骨のある人はそうそうのことではパニックにならず、慌てたり、動じたりはしない。慌てたり、動じたりしないのは、決して〝鈍感〟だからなわけではない。気骨のある人はいろんなことに気付ける人であるが、大抵のことを「大したことのないこと」と捉えられるから「本当の自信」を持つこともできるし、慌てずに目の前のことに対処できるのである。

今、この本を読んでいる方々が「気骨を持ちたい」と思うならば、世の中の動きに合わせたり、便利さや効率を求めて先へ、先へと行こうとすることはなるべく控えるようにしたほうがいいと思う。

時代の最先端を行こうとするのではなく、「昔にちょっと立ち戻る」ことが大切だ。「温故知新」（故きを温ねて新しきを知る）という言葉にもあるように、先人たちの文化、生き様を見つめ直すことで、新たに見えてくるものが必ずある。

前へ、前へ、上へ、上へと進んでいくことばかりが、「いいこと」「能力があること」ではない。

ちょっと立ち止まったり、あるいはちょっと立ち戻ってみたり。そうやって進む方向にバリエーションを与えることによって、普段の生活の中から自然な形で〝気骨〟を身に付けることができるのである。

落ち着きのない状態でも一向に構わない

大人でも「落ち着きのない人」はたまに見かけるが、大人と子供とを比べた場合、落ち着きがないのは圧倒的に子供のほうである。

とくに幼児期の子供は親が「大人しくしてなさい」「静かにしてなさい」と言っても一向に聞き入れてはくれない。

好奇心赴くままに動き、機嫌がよければ笑い、たしなめられれば泣き叫ぶ。でも、それがあるがままの〝子供〟とも言える。

そもそも、私たちは動物の一種であり、動物は「動く物」と書く。生きていれば動くのは当たり前、つまり子供が動くのも動物として当たり前のことであり、自然界から見れば、すっかり動きを止めてしまった〝大人〟たちのほうが不自然に映っているに違いない。

大人が落ち着いているのは、思いのままに動くことを矯正されて育ってきたからである。

落ち着きがなければ周りの人の迷惑になる、勉強も運動も何事も集中が大切…、そうやって私たちは「思うがままに動き回ること＝×」「落ち着いて集中する＝〇」と大人たちから教わって育ってきたため、落ち着いた振る舞いができるようになった。

だが、私たち人間は〝動物〟の一種であり、そもそも自然そのものが絶えず流れ、変化し、動き続けている。人間のように自然の流れを「我関せず」とばかりに無視し、動きを止めているような生き方は、実はとても〝不自然〟なものなのだ。

落ち着いたふうを装っている人は、外見は堂々とし、自信たっぷりなように見えるが、その内面である心は常に揺れ動いている。心が絶え間なく揺れ動くのは、この私も、あなたも、人間ならば誰でも同じである。

ここまでご説明してきたことによって、動かないことがいかに生き物として不自然な状態であるかはおわかりいただけたと思う。

しかし、だからといって私の言っていることを「仕事中でも勉強中でも、とにかく思うがままに動き回ればいいのだ」と曲解されても困る。

私が言いたいのは、現代社会を生きる人たちがあまりにも「周囲のことに無関心過ぎないか」ということなのだ。

自分の周りの人たち、自然、そういったものを身近に感じることで〝共感〟〝共鳴〟が生まれ、それが心身の動きとなり、〝一体感〟へと繋がっていく。

逆に自尊心や自意識ばかりを優先させてしまうと、〝自己〟〝自我〟の感覚が強くなり、気が付けば「何で私だけ」というマイナスの気分が湧いてきて、貝のように心を閉ざしてしまう。

家庭だろうが会社だろうが、集団の中で〝私〟という自我ばかりを追い求めていると、周囲の世界とどんどん隔絶していくことになる。

自然界がそうであるように、人間だってじっとしていても何も生まれない。自ら心を開き、周囲と共感、共鳴し合いながら、行動を惜しまず動き続ける。そのためには、私が道場生たちにいつも言っている「素直と勇気」が必要だが、そのふたつを持って動けば、それが自然な動きとなっていくのである。

第3章

シンプル思考が己への信頼を導く

「ものごとをシンプルに考えられるようにするには？」

新聞やテレビのニュースなどで残虐な事件が取り上げられる度、私は「人間とはなんと愚かな生き物なんだろう」とよく思う。

もちろんこの私も、その「愚かな人間」のひとりである。人間はなぜにここまで強欲、強情になってしまったのか。また、なぜこんな社会になってしまったのか。そういったことを考える時、私は自分がまだ幼かった頃の時代に戻り、子供の頃の自分になったつもりで物事を捉えるようにしている。

私が子供時代に戻って物事を捉えようとするのは、現代社会に合わせた「大人の考え方」ではなく、子供だった頃の「素直な考え方」に自分を戻したいからである。

子供だった頃の考え方に自分を戻すと、複雑だと思っていた目の前の事象がとてもシンプルに見えてくる。だから私は何か事が起こるたびに「子供の頃はどんなふうだったろう？」「子供の時ならどう感じただろう？　どう考えただろう？」と幼少期の自分に戻ったつもりになって、表現したり、行動したりしている。

自分を複雑にし過ぎると、己への信頼は弱まるばかりである、シンプルに生きることは自分への信頼を回復するよすがになるのだ。


物事をシンプルに捉えるために、私が子供の頃の自分に戻って考えるのは、幼少期の自分の感覚に信頼を置いているわけではなく、ただ単にあの頃の自分が好きだからだ。

小学生の頃、私は学校に通いはしていたけれども、私にとっては毎日が〝遊び〟だった。当時の生活スタイルなども含めて、すべてがとても楽しかった。

これは、別に私がノスタルジーに浸りたくてそう考えるようにしているわけではない。シンプルで楽しかった頃の自分に戻ると、複雑になり過ぎた現代社会の矛盾や巧妙にしかけられた罠など、いろんなことが見えてくるのだ。

「原点回帰」という言葉もあるように、自分を昔の状態に戻すことで見えてくることがたくさんある。それを忘れなければ、複雑に絡みあった問題もシンプルに対処できるはずである。

#「ダメな会社を自分の力でよくしてみよう」

勝負師として生きてきたからか「桜井さんにとっての勝負哲学とは何ですか?」と聞かれることがたまにある。

しかし、私は勝負に関することだけでなく、自分の人生についても哲学などは持ったことがない。

唯一、思うところがあるとすれば「この世は〝不条理〟である」ということくらいだろうか。

神や仏という存在がありながら、あるいは〝善〟というものが存在しながら、なぜ人類の歴史はここまで不条理を重ねてきたのか。

世界を見渡しても、そこいらじゅうで不条理な争いが止むことなく続いている。この世には「善と悪」「正と否」、そんなものでは割り切れぬ不条理が蔓延っている。

人間は頭に比重を置き過ぎた生き方をすると卑怯になる。だからこの世界が不条理に染まってしまうのもある意味、しょうがないことなのかもしれない。

日本の社会を見ても、「自分さえよければいい」という〝個〟の考え方に囚われている人ばかりだから、ほとんどの人が自分にとって都合のいいことしかしない。

「誰かの役に立ちたい」と動いてくれる人がもっと増えればこの世の中もよい方向へと向かっていくのだろうが、そういった人たちは社会の中では少数派である。

優秀な大学で好成績を収めた人ならば、優良な大企業に入るのではなく、「ダメな会社」に入ってそこで自分の本領をいかんなく発揮し、会社に貢献したっていいと思う。

ダメな会社を自分の力で立ち直らせる。そういったところで自分の力を発揮してこそ、本当の自信が身に付いていくと思うのだが、やはりこれも今の社会では少数派の意見となってしまうのだろうか。

天才棋士が感じる不安

2017年12月に竜王位を奪還し、史上初となる「永世七冠」を達成した羽生善治さんとは数年前に縁あってとある本で対談をし、以来、非常に仲良くさせていただいている。

羽生さんが竜王位に挑んだ初戦の様子をネットで拝見していたが、羽生さんの顔がいつになく強張っているように感じた。

羽生さんは七冠のうち、「名人、王位、王座、棋王、王将、棋聖」この6つのタイトルで永世称号を得ている。羽生さんが唯一〝永世〟の称号を持たないのは〝竜王〟だけだった。

2010年に羽生さんは〝永世〟を賭けて渡辺明竜王に挑み、負けている。

「このチャンスを逃してはならない」という思いが羽生さんにきっとあったのだと思う。羽生さんの強張った表情を見て、私は羽生さんの〝勝負師〟としての思いをそこに感じ取った。

羽生さんほどの勝負師は日本にもそうそういない。そんな彼が顔を強張らせ、不安の陰りを感じさせる一瞬があるのだ。勝つか負けるかわからない大事な局面を前にした時、人は自信より不安を大きくさせるものなのだろう。

私も、代打ちをしていた時代には、大一番の前になると「寝ず、食べず」という状態になった。

私が自信満々の、強さを持った男ならきっと十分に寝られたし、食べることもできたはずである。

でも、私は大一番の前は寝られなかったし、食欲もまったくなくなった。それは私の中にも「今度こそ負けるかもしれない」という不安があったからに違いない。

羽生さんは〝永世七冠〟という称号を手に、これからも将棋界を引っ張っていく存在であり続けるのだろう。

藤井聡太君にこれから現れる壁

永世七冠の偉業を成し遂げた羽生善治さんと仲良くさせていただいている縁から、将棋界の動きは新聞などで普段からチェックするようにしているが、２０１７年の将棋界は公式戦29連勝の新記録を打ち立てた若干15歳の最年少プロ、藤井聡太君が常に話題となっていた。

藤井君の将棋を指す姿をテレビなどで拝見していると「本当に将棋が好きなんだな」と感じる。

自信とか覚悟とか、そういったものはまだ彼からは感じない。彼はただ淡々と、純粋な心で好きな将棋を一生懸命指している。公式戦29連勝という新記録も、大好きな将棋に打ち込んでいたらいつの間にか達成していた。そのくらいの感覚なのだと思う。

だが、いずれ彼にも〝勝負師〟としての気構えができてくるはずだし、そうなれば自信と不安の間で心が揺れ動いたり、大きな壁にぶち当たって悩んだりするようにもなるだろう。

藤井君が今強いのは、〝勝負師〟としてではなく、15歳の少年として遊び感覚で将棋と対峙しているからである。

将棋の勝ち負けに一喜一憂することなく、強い相手と戦うことを、将棋そのものを藤井君は楽しんでいる。

藤井君も近い将来、背負うものが多くなれば〝勝負師〟としての感覚も生まれてくるはずだ。そうなれば、今のように遊び感覚では将棋を指せなくなるだろう。

藤井君が〝勝負師〟となった時、本当の勝負はそこから始まる。勝負師となった藤井君はどのような将棋を指すのだろうか。羽生さんとどのような勝負を繰り広げるのだろうか。非常に楽しみである。

「不安を広げなければ、死すらも怖くなくなる」

どんな人も多かれ少なかれ、〝不安〟というものを抱えながらこの社会で生きている。そして人を苛む〝不安〟の中でも、その最たる要因として挙げられるのが〝死〟であろう。この世に〝平等〟というものがあるとすれば、それは〝死〟である。この世界に生きるありとあらゆる生物に平等に訪れるもの。それが〝死〟なのだ。

死はどんな人にも必ず訪れるものだから、それだけ多くの人を悩ませる。死に対する不安はどんな人であっても拭えない。

死への不安は、それを大きくするのも、小さくするのも、本人の心の在り方次第である。何かに執着し、「まだ死にたくない」と強く思えば思うほど、死の恐怖、不安も増大していく。

私も数年前、大きな病気に罹った。私の罹った病は「数万人にひとり」と言われる珍しい病で、最悪の場合、死も免れないと医者から告げられた。

でも私は医者からそう告げられても、死の恐怖、不安をあまり感じることはなかった。当時の私は六十代後半、むしろ「この年まで病気らしい病気もしないでやってこられたんだから、それだけで御の字だ」と思った。

不安や恐怖といった「負の感情」は誰もが必ず持っているものだが、それを必要以上に大きくしないように、日頃からコントロールしていくことが重要だ。

それには不安や恐怖からまず目をそらさないことである。不安や恐怖はそこから逃げようとするとますます大きくなる。そうではなく不安や恐怖の中へむしろ飛び込んでいくような気持ちを持つのだ。すると気持ちは意外なほど落ち着いてくる。そうなって初めて次に踏み出すべき正しい一歩が見えてくるのである。

なぜ日本の若者は自分を信じられなくなっているのか？

そもそも、〝自信〟は自分を信じていないと持てないものである。自分を信じるには自己肯定感が当然のことながら必要となってくるが、総務省の調査によると日本の若者は、欧米の先進5カ国の若者と比べると自己肯定感が極端に低いらしい。

欧米の教育では、子供たちは「自分の考えをどんどん主張しなさい」と教わる。だから向こうの人たちは日本人が苦手とするディスカッションも得意である。

日本の若者の自己肯定感が低いのは、日本に古くから根付く「恥を知る」という考え方に理由があるように思う。

「礼節を重んじ、人道に反するような恥ずかしいことは決してしない」。武士道にもある「恥を知る」という考え方は日本独特の考え方であり、「自分を主張し過ぎることは和を乱す行為であり、これは恥ずべきことである」とも考えられてきた。

例えば、日本であれば歩道で転んだとしても「恥ずかしい」で終わりだが、これがアメリカなら「転んだのは歩道がちゃんと整備されていないからだ」と賠償問題にまで発展する。

「自分が正しい」と思ったらとことんまで主張を通すのが欧米流だとすれば、日本はそこまで自分を主張せず、謙虚に振る舞うことが美徳とされる。日本人の自己肯定感が低いのは、日本特有のそんな考え方も反映されているのだろう。

また、ちょっと違う見方として、若者が自己主張をしないのは、「親の過干渉」に原因があるようにも思う。

昔から「教育ママ」などと呼ばれる過干渉ぎみの親は一部にいたが、今はどの親も子供に対して総じて〝過干渉〟になっているように感じる。

子供は学校から帰ってきても遊ぶ時間などなく、宿題に塾にお稽古事と夜遅くまでスケジュールが目一杯組まれている。こんなにも親に管理されてしまったら、子供は息を抜く暇もなく、自己主張することすら億劫になって忘れてしまうに違いない。

管理が厳しければ、自己主張もしなくなり、それと同時に自己肯定感も失われていく。親の決めた道にしか進めないのだから、子供自身の選択する力、決断する力もまったく育まれない。これでは「本当の自信」など持てるわけもない。

社会人となり、親の過干渉から多少なりとも解放され、いざ「独自の道を開拓しよう」と思っても最初は一体どうやって進んでいけばいいのか悩んだり、迷ったりしてしまうかもしれない。

しかし、自分の生きる道を見つけること、そしてその道を歩んでいくことは決して難しいことではない。

物事をシンプルに捉え、自分だけの道を探し、人生を歩んでいく。自分の足で立ち、周りの意見や氾濫する情報に惑わされず自分の頭で自立して考える。真の自己肯定感はそのような生き方からしか生まれてこないのだ。

「気付きのある人が本質を知り、〝信〟を得る」

子供が大人に求めるのは「楽しく遊ぶ」ことである。だから子供は本能的に「遊ぶのが上手」な大人を遊び相手に選ぶ。

雀鬼会では夏休みに伊豆の海へ遊びに出かける。拠点となる貸し別荘には私の孫たちなども大挙押し寄せるのだが、そこでの道場生と子供たちとの触れ合いを見ていると、子供と遊ぶのが下手な人間はやはり〝気付き〟が少ない。

逆に言えば、子供と遊ぶのがうまい大人はいろんなことに〝気付ける〟人である。

「今、この子は本当に楽しんでるのかな」

「そろそろこの遊びにも飽きてきたかな」

そういったことを瞬時に察し、絶妙なタイミングで遊びを転換していく。それをできるのが子供から好かれる、「いろんなことに気付ける」人である。子供に言われてから動いているような大人は、決して「遊び上手な人」とは呼べない。

子供と遊んでいたらキリがないし、同じことを繰り返して遊ぶので、大人とすれば付き合っていて面倒だし、とても疲れるのは私もよくわかる。

でも、子供たちは大人が「面倒だな」「疲れたな」「つまらないな」という感情を出せばすぐに気付く。そして、そんな感情を出す大人に子供は絶対に寄って来ない。


本質を大切にすると物事の本当の姿が見えてくる。だから本質を大切にする人には、子供たちと遊んでいて、子供がどうしたいのか見えてくるのだ。

〝遊び〟とは人間の大切な本質である。今の社会では、〝遊び〟より〝学び〟のほうが大切だと思われているし、〝学び〟の優秀な人が社会の中で高い地位を得る。

でも、人間の本質は〝学び〟からは決して得ることはできない。人生を歩んでいく中で、生きる力となるのは〝学び〟ではなく〝遊び〟である。

余談となるが、麻雀でも〝気付き〟はゲームを制する上で大切な要素となる。

だが、子供と遊ぶのがうまい「気付きのある人」だからといって、麻雀が強いとも限らない。そこがまた、麻雀の面白いところでもある。

麻雀は相手が3人いて、自分も含め4人の動き、気配、思考を気付いていかないといけない。相手ひとりの動きに一生懸命気付こうとしても、残りのふたりに対してノーマークでは、麻雀で勝つことはできないのだ。

普段の生活ではいろんなことに気付ける人であっても、麻雀だとそれができなくなったりもする。

日常の〝気付き〟をなかなか応用、活用できない。それが麻雀というゲームの面白さでもあるのだ。

話がちょっと逸れてしまったが、子供と遊ぶのが上手な人は「気付きの多い人」であり、「物事の本質を大切にする人」でもある。

自分の周囲の人たちから〝信〟を得られるのは、「麻雀の強い人」ではなく、そんな「気付きの多い人」や「物事の本質を大切にする人」である。

そして、そうやって集まった〝信〟が積み重なっていくことで、自分への信頼も高まっていくのである。

他人との信頼関係から生まれる自分への信頼

70歳を越えるこの年になっても私が元気でいられるのは、ひとえに雀鬼会の道場生たちのお陰である。

体調がちょっときつい時でも、道場で私を待ってくれている彼らのことを思えば「体調が悪いのなんて関係ねぇ!」と心を奮い立たせることができた。身体が多少動かずとも、まず精神を動かせば身体はその後から付いてくる。「病は気から」という言葉もあるように、心の持ちようが何よりも大切なのである。

町田にある道場へ、車や電車を使い、遠方から3時間も4時間もかけて来てくれる道場生たちがいる。

道場に着いて麻雀を打つのは2~3時間。そして彼らはまた3~4時間かけて家へと帰っていく。道場にいる時間より移動時間のほうが長いのに、彼らは道場に通ってくる。彼らは私に何も言わないが、その存在自体が「会長、しっかりしてよ!」と私のケツを叩いてくれているように感じる。

また、ある時には「会長、がんばれ！」と私の周りで太鼓を叩いてくれる道場生も現れる。

そういった彼らの存在、支えがあったからこそ、私はこの年まで元気にやってくることができた。

一般的な意味合いで言えば、社会で働く人の多くは「上（の立場の人）からの命令」によって動くのだろう。

でも、私が今まで生きてこられたのはそのまったく逆。私を動かしてくれたのは、下の立場にある人、あるいは年下の人たちの〝心〟があったからだ。大企業の社長さんに知り合いは何人もいるが、そういった「偉い人」たちの言葉によって私が動いたことは一度もない。私を動かす原動力となったのは、道場生たち、あるいは自分の子供や孫といった年下の存在だった。

私と道場生たちとの関係に〝打算〟はない。あるのは、あえて言うならば、義理や人情といったものからくる〝犠牲〟である。

「こいつは誰かのために身を投げ打っている」

そういう姿を見ると「こいつ、かっこいいなあ」と思うし、「それじゃ、俺も」とその動きに追随する道場生も出てくる。こういった共感、共鳴できる関係性は〝打算〟があったら絶対に出てこない。

信頼は〝打算〟のない関係性が続くことによって、少しずつ育まれていくものなのだ。そして、人と人をつなぐそのような相互の信頼関係からまた自己への信頼も培われるのである。

「諦める勇気」を持つ

何かことを成し遂げようとする時、そこには「自分を信じる」という気持ちが多少なりとも存在するはずである。

しかし、その「自分を信じる」という気持ちが強くなり過ぎるとそれはひとつの〝執着〟となり、心を固くする要因となる。

ひとつのことをやりだしたら周りには目もくれず邁進してしまう人のことを「猪突猛進型」と言ったりするが、自分を信じ過ぎたあまり、猪突猛進になってしまっては何かにぶつかって大ケガすることにもなりかねないし、周囲の人にも多大な迷惑をかけることにもなってしまうだろう。

自分を信じ過ぎれば、それまで続けてきた〝努力〟や〝がんばり〟といった経過にも固執することになる。

どんな状況になっても諦めることなく〝ネバーギブアップ〟の精神を持ち続けることは、

スポーツなどの勝負事ではとても大切なことである。

だが、勝負事以外の、仕事だったり、あるいは普段の生活の中で「やるだけやってダメだったら、潔く諦める」という〝諦め〟も時として肝心だ。


自分のやり方を改められず、どんどんと深みにはまっていき、結局大失敗してしまった。そんな経験をしたことのある人もいるのではないだろうか。

自分の信じたやり方を諦められないのは、私たちが今までの教育の中で「諦めなければ必ず努力は報われる」と教えられ、さらにそういった自分の努力や業績といったものに〝執着〟してしまっているからだ。

現代人の歩みを間違った方向に導いていくその最たる存在がこの〝執着〟である。

世の人々はモノに執着したり、金に執着したり、愛に執着したり……。まるで何かの「依存症」のよう、多くの人が何かに執着している。

麻雀というゲームでも「この牌を捨てると狙っている役にならない」「この牌はドラだから切れない」などとあるひとつのやり方に執着してしまうと、それは〝敗北〟という深みにはまっていくことになる。

仮にそのやり方を長く続けていたとしても、「このやり方はもしかしたら間違っているんじゃないか?」と疑問を少しでも感じたら、「努力が泡になる」ことなど気にせず、潔く見切りをつけて、すぐにそのやり方を改めるべきである。

自分を信じ、諦めずに物事を続けることは人生の中でとても大切な要素であることは疑う余地のないところだ。

しかし、時としてそれまでのやり方を見切るという「諦める勇気」が必要な時もあることを忘れないでほしい。

信じることは危うさを孕んでいる

私がこの年まで、心を固くしたり、何かに囚われたりすることなく、精神のバランスを取ってやってこられたのは、自分の思考から〝信じる〟ということをなるべく省いて生きてきたからである。

世間の人たちにとって〝信じる〟とは、いい意味、人生をよくしてくれるプラスの意味合いで捉えられている。

でも、人は信じるからそこに囚われ、結果として必要以上に傷ついたり、落ち込んだりするようになる。

何かひとつのことを信じきって生きてきた人は、その信じていたものに裏切られたりすると「もう何も信じることはできない」と絶望感に襲われ、「自分はもうお終いだ」と勝手に思い込んでしまう。

でもよく考えてみてほしい。たったひとつの関係がダメになったからといって、その人の人生が「お終いになる」などということはあり得ない。それなのに、ひとつのことだけを信じてきた人はその固定観念によって、簡単に自分の人生もダメにしてしまうのである。

今、世界中で起こっているテロや戦争にしても、そのほとんどは〝信じる〟という人間の思考が引き金になっている。

宗教というものが人類の歴史に古くから存在するように、人間にとって〝信じる〟という行為はなくせないものなのだろう。

でもそんななくせない感覚だからこそ、時にその信じているものを見つめ直すのはとても大切なことだと思う。

〝信じる〟ことは間違ってはいない。でもだからといってそれがすべてではない。それをみなさんにも覚えておいてほしい。

「マニュアルを捨て、現場感覚で生きる」

夏休みになると私は雀鬼会の道場生たちと一緒に伊豆の海へと繰り出す。私たちは荒波打ちつける磯の周辺で素潜りをして一日過ごすのだが、伊豆の海は夏でも冷たく、海から上がると体がすぐに冷えてしまう。だから大抵の場合、上がってから体を温めるための焚き火を岩場に用意する。

この時、道場生が焚き火を点けようとすると煙ばかり出てなかなか火が起きない。そこで私が「ちょっといいかい」と代わりに火を点けると瞬く間に炎が広がる。

焚き火を上手に点けるには、薪の積み方が大きなポイントとなる。しかし、すべての状況に共通する「薪の積み方」というものがあるわけではなく、その場、その時の状況（薪の質や風向きなど）を考慮しながら私は薪を積んでいる。

つまり、焚き火を上手に点けるにはその都度、臨機応変に対応する必要があり、決まった形やマニュアルがあるわけではない。

でも、私がいつもすぐに火を起こすことから、道場生たちは「何かきっと決まった形やコツがあるのだろう」と思っているようだ。

道場生たちは、幼い頃から教科書やマニュアルといったものにどっぷりと浸かって育ってきた世代である。

彼らの世代は何かあるとすぐに〝答え〟や〝型〟といったものを求める。何にでも〝答え〟や〝型〟があるものだと思っている。

しかし、そんな定まった形の〝答え〟や〝型〟を追い求めているようでは、いつまで経っても焚き火を点けることはできないだろう。

学校の教育では、〝答え〟のあるものを学問として学んでいく。でもこの世の中には、あるいは人生には〝答え〟のないことのほうが多い。

そんな〝答え〟のない人生を歩んでいく上で「決まった型」や「定まった形」を求めて生きていたら当ての外れることばかりで、身動きが取れなくなってしまう。

人は「決まった型」の中にいると安心を感じる。でもそれはほんの一瞬の錯覚のようなもので、「決まった型」を求めるあまり自分自身を不自由にしていることに気付いていないだけである。

私が焚き火の点け方がうまいのは、何かの本を読んだわけでも、ボーイスカウトなどで学んだわけでもない。

ただ「こうやったらうまく点くな」という感覚に則ってやっているだけで、それは焚き火に限らず、生き方そのもので「決まった型」や〝答え〟を求めず、その都度、自分なりに最善策を模索することを続けてきた結果なのだ。

人生にマニュアルは必要ない。現場で感覚を磨いていくことで、人としての強さが身に付いていくのである。

「知識やテクニックが通用しない世界で揉まれることで強くなる」

学生時代に麻雀を覚え、その後20年ほど代打ちとして麻雀の裏の世界で生き、その後は雀鬼会を立ち上げ、気付けば半世紀以上に渡って私は麻雀牌と触れ合ってきた。

麻雀とは不思議なゲームである。何もせずに最初から〝役〟が出来上がってしまっている（ほぼ勝ちを手中に収めている）ような時もあり、麻雀ほど運に左右されるゲームはないと言っていいだろう。

世の中では「努力すれば何とかなる」と言ったりするが、いくら努力してもダメなものはダメだし、努力しなくても何とかなってしまう場合もある。そんな社会の真実を麻雀は教えてくれているのかもしれない。

麻雀は、自分以外のプレーヤーから少しでも多くの点棒を分捕った人が勝ちとなる。しかし、雀鬼会の麻雀は世間で行われている麻雀とは違い、〝稼ぐ〟〝奪う〟といったことに価値を置いてはいない。

雀鬼会の麻雀は世間で行われているそれの正反対、いかに与えながら、いい場を作っていくかということに主眼を置いている。

そんな麻雀をする上で必要となってくるのは、無駄のない動きと思考である。巷の雀荘で行われているような長考や騙しのテクニックは、雀鬼会ではまったく通用しない。

雀鬼会では、「考える」ことをしないように「牌を一秒で切りなさい」と教えている。麻雀というゲームは通常、〝半荘〟で行われ、始まってから終わるまで約1時間を要するが、雀鬼会では大体15分もあれば終わってしまう。牌を一秒で切ることを続けていくには、熟考したり、悩んだりしていてはとてもではないが間に合わない。

計算高い人にとって、〝考える〟という行為は当たり前のことだが、そこには往々にして自分の都合が割り込んでくる。すると、「自分が勝てばいい」「自分だけよければいい」ということばかりを追い求めていくので、ずるくなったり、汚くなったりしてしまうのだ。

このように、人は考え、知識や情報、テクニックを用いることで他人より優位に立とうとする。でもそんなことを続けていて、人は本当に強くなれるのであろうか？　本当の自信というものを身に付けることができるのだろうか？

私は雀鬼会の道場生たちみんなに少しでもいいから、人として強くなってもらいたいし、みんなでいい空間を作っていってほしいと思っている。

だから道場では、上辺のごまかしだけではどうにもならない、もっと人間の根源的な部分で勝負をしよう、少しでも清らかな流れを作ってその場をいいものにしようと、「牌を一秒で切る」ことを実践しているのである。

第4章

「自信」の落とし穴

自分を信じ過ぎると〝本質〟が見えなくなる

「信じる」という行為は、誰かを、あるいは何かを「肯定する」ということである。

物事の本質というものは、その対象を信じ過ぎると見えなくなる。信じ過ぎている状態は「盲目的な状態」であるから、そんな曇りきった思考で物事の本質が見極められるわけがない。


ちょっとした変化に気付いたり、覆い隠された内部に潜む本質を見抜いたりするには、物事を「肯定する」のではなく、「否定する」ことが大切なのだ。

たとえば、あなたはあなた自身を「信じ過ぎ」てはいないだろうか？　自分にダメな部分はないか？　いけないところはないか？　そういったことを見付けるには、まずは自分を「否定する」ことから始めるといいだろう。そういった行為を続けていくことで、物事の本質を見抜く力は養われていくのである。

自分自身をちょっとでも否定できるようになったら、次は自分の所属する会社や業界を否定してみるといい。

この私は約50年に渡り、麻雀業界と関わってきた。普通であれば自分の所属する業界を肯定しなければ生きていけないが、私がずっと続けてきたのはそんな麻雀業界の否定である。麻雀で「当たり前」とされることをまずは否定し、破壊し、いらないものを排し、私の思う麻雀を一から作り上げてきた。

私はそうやって自分の所属する業界を否定することで、何が真実なのかを見極める力を身に付けてきた。

今の社会にどっぷりと浸かって生きている人たちにとって、自分を否定したり、自分の所属する業界を否定したりすることは、ちょっと難しいかもしれない。

でも、自分を否定することで自分の〝いいところ〟にも気付くことができるのに、盲目的に自分を信じ、肯定ばかり続けていたら、本質を見抜く力が養われないばかりか、ひとりの人間としての成長も見込めなくなってしまう。

何も私は「自分を全否定せよ」と言っているわけではない。自分を肯定し過ぎることなく、否定し過ぎることもなく、バランスを図りながら生きていく。それが一番肝心なのだ。

努力を信じ過ぎるな

「やることなすこと、すべてがうまくいかない。一体どうしたらいいのでしょうか？」

そんな質問や相談をメールや手紙といったお便りでいただくことがたまにある。

正直申せば、人生はうまくいくことより、いかないことのほうが多いのだから、そこからいかにして光明を見出していくかが肝心だ。本当にやることすべてが「うまくいかない」のなら、自分の〝思考〟そのものを一度見直し、正していくほか道はないと思う。

失敗したり、物事が思うように運ばなかったりした時に「気持ちを切り替える」ことは大切だが、この「切り替え」こそ、「思考を改める」ということである。

人間、生きていれば何か障害につまづき、どつぼにはまってしまうことが誰にだって一度や二度はあるはずだ。

そこで思考をうまく切り替えられればどつぼから脱することができるのだが、自分を信じるあまり、自分が今までやってきたやり方にこだわってしまい、思考を改めようとしないからどんどんとどつぼにはまっていってしまう。

自分に自信のある人ほど「そんなはずはない」「この次は大丈夫だ」と、自分のやり方を変えようとしない。

本当はちょっと思考ややり方を改めるだけで物事が好転していくのに、自分がそれまでに築き上げてきた〝自負〟と〝自信〟というものによって視野が狭くなり、自分の置かれている状況を冷静に俯瞰して見ることができなくなってしまっているのである。


努力に努力を重ね、一生懸命に生きてきたという自負のある人ほど「私は簡単に捨てられるような努力はしてきていません」と言う。

でも私は今まで人生の中で努力らしい努力といったものをした経験がないので、そんな言葉を聞くとドキッとしてしまう。

人は、自分が積み重ねてきた努力、そしてその結果である業績といったものをなかなか捨てることができない。

自分のやってきたことを捨てないから、抱えているものは増えていくばかり。人はそうやって余計なものを抱えたり背負ったりしているから身動きがとれなくなり、臨機応変な対応が取れなくなってしまうのだ。

常に身軽に、ひとつの思考ややり方に囚われることなく、フレキシブルに生きていれば「すべてがうまくいかない」などということは起こり得ない。

「努力は必ず報われる」などと言ったりもするが、必ずしもすべての努力が報われるとは限らないし、そもそも、その努力が「間違った努力」だったら永遠に報われることはない。

真面目で、ひとつの考えに囚われやすい人ほど、物事がうまくいかない時に「きっと自分の努力が足らないんだ」と考え、「間違った努力」を重ねていってしまいがちだ。

物事がうまくいかない時は一旦立ち止まり、自分の置かれている状況を俯瞰して見るようにするといい。そしてそこで自分の信じてきた思考、やり方を見直し、「切り替え」ていくことが何よりも大切なのである。

謙虚という名の処世術

自信過剰な人は傲慢な振る舞いをする人が多いのですぐにわかるからいいが、中には処世術に長け、自信満々なのにそれを謙虚という仮面で隠している人もいる。

威張り腐っていたら周りから人がいなくなってしまう。それでは何かと損をする。だったら、謙虚なふりをして、周りの人間をうまく使ってやろう。その方が利口な生き方だ。そのように考える処世術に長けた人間は社会の中にいくらでもいる。

私は普段から「表面上、よさそうに見えるものほど気をつけなさい」と道場生たちに言い続けている。

とてもやさしかったり、謙虚だったりする人、あるいはとてもよく見えるシステム。そういったものほど、その中に人を騙そうとする「あくどい何か」を隠し持っているので注意しなければならない。

謙虚に見せかける、あるいはやさしく見せかける。これはいずれも〝技〟である。「あの人は本当にいい人ね」と思わせる〝技〟は、何十年も続けることができる。本当はあくどい人間なのに「いい人」で通っている権力者、あるいは地位のある人を私は幾人も知っている。

ただ、中には極まれに「社会的地位も権力もあるのに本当に謙虚」という人もいる。

芸能界のお笑いのトップにいるビートたけしさんは書籍の対談などでお会いしたことが何度かあるが、とても謙虚な人である。

たけしさんはなぜ謙虚なのか？　それは生まれ育った家庭環境に大きな理由があるように感じる。

たけしさんには北野大さんというお兄さん（現在は明治大学の名誉教授などを務められている）がいるが、幼い頃からお兄さんの優れた人間性に触れ、きっと「兄貴はすごいけど、俺はぜんぜんダメだな」と思いながら育ったのだろう。

お兄さんを見ればたけしさんは謙虚にならざるを得ず、お兄さんの生き様を見ながらきっといろんなことを学んだのだと思う。

身近にとてもいい見本がいたから、たけしさんは今でも謙虚でいられるのだ。

「不安を大きくした人の励まし方、助け方」

失敗やミスを重ね、とても落ち込んでいる人を励まそうと「大丈夫。自信を持って」と言ったりするが、不安を大きくしてしまっている人に対して「自信を持って」とはあまり言わないほうがいいだろう。

ちょっと不安になっている人に「自信を持って」と励ますのはいい。相手も励まされたことで、気持ちを切り替えやすくなる。

だが、とことん落ち込んでいる人に「自信を持って」というのは酷だし、何よりそんな心の状況にある人に「自信を持て」と言ってもきっとその意味を理解してもらえないに違いない。

私だったら、とことん落ち込んでしまっている人に対しては「いいんだよ、それで」と言う。「キミはそのままでいいんだよ」と。

断崖絶壁でまだ腕一本で何とかぶら下がっている人なら、こちらから手を差し伸べて

「こっちへ戻って来いよ」と助けてやることができるが、絶壁から完全に落ちてしまった人には手も届かず、簡単に救い出すことはできない。

絶壁から落ちてしまった人に対しては「がんばれ」「自信を持て」と励ますのではなく、まずは「どうやったらあそこから引っ張りあげられるか」を考えないといけないし、手の届かない距離であれば、梯子や紐や綱など、助け出せる道具が周囲に何かないか探す必要もある。

絶体絶命の人に「がんばれ、がんばれ」と言うだけでは意味がない。相手の状況を見て、どうやったら「救い出せるか」の対応をその都度考えていかねばならず、それをなすためにはある種の〝センス〟も必要である。

この〝センス〟は、学問から得られるものでなく、また、いきなり身に付くものでもない。普段から周囲に気を配り、困っている人、弱っている人を瞬時に見つけ出し、すぐに手を差し伸べる感覚を磨いていくなかで培われるものなのだ。

自信のない男は優しさをウリにする

いわゆる〝ゆとり世代〟の若者たちは他の世代の人たちに比べて「やさしい」人が多いなどと言われる。

その一方で「やさしさをウリにするのは、自分に自信がないからだ。やさしさは自信のなさの裏返しだ」などと言う人もいる。

私が今の社会の若者を見たとき、すべての人が「やさしい」とは思わないが、「やさしい男」が増えているのは事実だと思う。

そしてその「やさしさ」は、女性たちが求めているがゆえに持つにいたったものだったりする。女性たちが「やさしい男性」を求め、若い男たちはその要望に則り、「私はやさしい男です」と自らのやさしさをアピールしているわけだ。

しかし、男としての自分の商品価値を高めるため、あるいはアピールするために「やさしさ」をウリにするなど、私からするととても考えられない行為と言える。

女の要求、欲望を満たすためだけのそんな打算的な生き方は、男の生き方として「下の下」である。

自由奔放に生きる子供たちの生き方を見れば、人間は見てくれの「やさしさ」なんかより、本能に触れるような楽しさを提供してくれる人に惹かれるのがよくわかる。

本書の中でも繰り返し述べているが、私たち雀鬼会のメンバーは、夏休みになると一ヶ月ほどを伊豆の貸別荘で過ごす。

別荘には道場生たちの他、私の孫や道場関係者の子息など、子供たちもたくさん訪れ、日中は海で、そして夜は別荘で、一日中みんな一緒になって遊ぶのである。

笑顔と笑い声を振りまいて遊ぶ子供たちを見守りながら、私は「子供はどんな大人を求めてるんだろう」と考える。

子供たちが遊び相手に選ぶのは、自分と楽しく遊んでくれる道場生ばかりである。つまり、子供たちは「楽しく遊んでくれる人」を求めているのだ。子供たちは決して「やさしい大人」を選ぶ基準にしたりしないのである。

自信を持ち過ぎると平常心を失う

精神の乱れがなく、心が穏やかな状態のことを〝平常心〟という。緊迫した場面で「平常心で」と声掛けされるのは、普段のフラットな精神状態でいれば気負いなどもなく、いつも通りの自分の力を発揮できるからである。

だが、自信がある風に装っていなければ評価してもらえない現代社会にあって、そこに生きるほとんどの人は平常心を保てずに苦しんでいるように見える。

確かに、問題山積で先行きもまったく不透明なこの時代にあって、人々の心から平静さや穏やかさが失われていってしまうのもしょうがないことなのかもしれない。

しかし、だからといって時代の潮流に巻き込まれ、多くの人が我を失ってしまっている状態は社会の在り方として決して好ましいものとは言えないだろう。

こんな時代だからこそ、ひとりでも多くの人が平常心を取り戻すための作業を続けていくことが必要だ。

目の前の当たり前のことは本当に当たり前なのか？

自分を必要以上に大きく見せようとはしていないか？

自信というものを求め過ぎていないか？

自分という人間を飾り立てている余計なものが何なのかを見つめ、この社会で当たり前によかれとされている価値観を疑ってみる。それが等身大の自分を受け入れることに繋がり、平常心で生きる術を与えてくれるに違いない。

そうやって平常心を取り戻す作業、言い換えれば「我に返る作業」を続けていくことが大切なのだと思う。

「カッコの中にいるとカッコ悪い」

自分の中に「本当の自信」を持っている人は、ミスや失敗を恐れない。「本当の自信」を持っている人には余裕がある。その余裕があるから、ミスや失敗をしても「あ、自分もまだこんな失敗をするんだな。自分もまだまだだな」と思える。そこからいろんな対処法、対応法が生まれるので、自分も磨かれていく。

その一方で、自信より不安のほうを大きくさせてしまっている人には余裕がない。ミスや失敗をすれば「使えないやつ」「バカなやつ」だと思われるのではないかと、いつもビクビクしながら生きている。そんな萎縮した状態では、やること、なすこと、うまくいかなくて当然だ。不安を大きくさせてしまっている人は不安→萎縮→失敗→不安→萎縮→失敗→〜の負のスパイラルにはまり込んでしまっている。

不安を大きくさせてしまっている人が、そんな負のスパイラルから脱するには「バカなやつだと思われてもいい」と開き直ることが一番の方法である。

でも、今の世の中では多くの人が「バカなやつ」という評価を下されたら「使えないやつ」となり、損をすることになるから「バカになる」ことができないでいる。

ここで一旦立ち止まり、考えてみてほしい。

「バカになる」と本当に損をするのだろうか？

私は昔からバカをやって生きてきたし、今でも雀鬼会の道場で一番バカをしている自負がある。

でも、私は今までの人生でバカになったから「損をした」と思ったことは一度もない。むしろ「バカになる」ことで、普通では経験できないこと、あるいは信頼できる仲間たちを得ることができた。これは本当にありがたいことである。

「バカになる」とは、自分の看板や装飾をすべて捨て、「素になる」ということである。

「バカになりたいけどなれない」。そういう人はきっと〝素〟の自分になるのが怖いのだろう。自分が〝素〟の状態となった時に周囲の人たちがどのように反応するのか、それが怖いのだ。

「バカになる」「素の自分になる」には、自分で自分を囲ってしまった見えない〝枠〟をまずは取っ払わなくてはならない。

枠とは、算数で言えば「( ) カッコ」である。カッコでくくられれば枠という壁で守ってもらえるし、先に計算してもらえるから得なように感じる。だから多くの人が社会という枠組みのカッコの中に入りたがる。

でも、カッコの中にいる限り、「自分の生きる道」などは見つからないし、そんな守られたぬるま湯のようなところに浸かっていたらいつまで経っても「自分を信じる」こともできないだろう。

私から見ると、カッコの中にいる人は「カッコつけてるだけの人」＝「カッコ悪い人」である。

「本当の自信」を持つには、まずはカッコの外に飛び出してみることだ。カッコの外に飛び出すということは「バカになる」「素の自分になる」ということ。最初はちょっと怖いかもしれないが、一度飛び出してしまえば〝カッコ〟の存在など取るに足らないものだったことに気付けるはずである。

だから、みなさんにもぜひ「カッコのない人」＝「カッコいい人」を目指してみてほしい。

損得おじさんの勘違いから学ぶ

雀鬼会の道場である『牌の音』は基本的に雀荘である。だからたまに道場生以外の、一般の方がフリーの体験者として麻雀を打ちにくることがある。

定期的に、とまではいかないがたまにくるフリーの打ち手のひとりにNさんというおじさんがいる。

雀鬼流麻雀は世間一般に打たれている麻雀とはちょっと違う。簡単に言えば世間で行われている麻雀から「政治色」と「経済色」を排したのが雀鬼流である。だから雀鬼流ならではのルール、仕来たりもいくつかある。

たまにくるNさんは、雀鬼流の麻雀はまったく打てない。道場生たちが「なるべく省こう」としている「損得勘定」だけで麻雀を打っている。雀鬼流の麻雀に憧れているわけでも、近づこうともしていない。かといって雀鬼流に批判的なわけでもない。Nさんがなぜ道場に来るのか、まったくの謎である。

Nさんが来場していたある日、紙をまるめただけの手製のボールの投げあいが道場生たちの間で始まった。

ある道場生がNさんにボールを投げようとした時、Nさんは「やめてください。突き指なんかしたら損じゃないですか」と言った。さらに「こんなことしたって汗かくだけだし……」とも。

道場生たちは日ごろから損も得もないところで麻雀を打ち、深夜の放課後には相撲をとったり、ボールを投げたり、身体を使ったいろんな遊びをしている。

でも、Nさんにとってはそんなことはすべて「何の得にもならない、損なこと」なのだ。なのになぜ、彼は雀鬼会の道場に来るのか。いやはや、本当に謎である……。

損得勘定だけで動くNさんを「もう来ないでください」と出入り禁止にすることもできる。だが、私はNさんを出禁にする気など毛頭ない。

私は道場生たちがNさんを見て、何かを感じてくれればそれでいいと思っている。経済色に染まった人間はどういう思考となるのか。損得勘定だけで動く人間は周囲からどう思われるのか。そういった人間にならないようにするにはどうしたらいいのか。そういったことを学んでくれればいいと思っている。

一般の方々から見れば、Nさんは「自信のある人」と映るかもしれない。Nさん自身は「俺は正しい道を真っ直ぐに歩んでいる」と思っているのだろうが、その道はNさんの「勘違いした自信」によってすっかり折れ曲ってしまっている。

時々ひょこっと現れるNさん。私はNさんの折れ曲がった道を直そうとは思わない。先述したように道場生たちがその折れ曲がり具合を見て何かを学んでくれればそれで十分である。

「変化を楽しむことから「本当の自信」が育つ」

陽と陰、プラスとマイナスの関係のように、〝自信〟の裏側には〝劣等感〟が潜んでいる。そしてその〝自信〟が大きければ〝劣等感〟も比例して大きくなる。

つまり、過剰とも言える大きな自信の裏側には、その大きさと同等の〝劣等感〟も隠されているのである。

裏の世界で麻雀の代打ちをしていた頃、自信満々に見える対戦相手は腐るほどいたが、その自信はすべて張ったりだった。

そしてそんな張ったりをかましてくる相手ほど、その裏側に隠された劣等感をちょっと突けばすぐに崩れていった。

とはいえ、この私だって大一番の前には「今度こそ負けるかもしれない」という不安に襲われることはあった。

でも私はそんな不安を〝張ったり〟という虚勢で覆い隠そうとはしなかった。自分の中の不安と正面から組み合えば「目の前の問題にどう対処すべきか」が見えてくる。そうすれば自然と不安は収まっていくのである。

しかし、多くの人は不安と向き合うことを恐れ、逆に不安定な状態になってしまっている。だから〝固定〟という〝安定〟を求め、張ったりをかましたり、嘘をついたりしてしまう。

考えてみれば今の社会に生きる人たちはすべからく「不安定な状態」を苦手としている。

自然界に生きている生物たちは、常に〝自然〟という不安定な環境に身を置き、その中で柔軟に対処、変化しながら生きている。

だが、人工物に囲まれた人間は〝安定〟ばかりを求めるようになってしまった。正社員という固定、固定給という固定、地位という固定、そういったいろんな〝固定〟を手に入れて安心している。

冷静に社会を見渡してみれば、この世の中に確かなものなど何一つないということがわかるのに、多くの人が安心したいがために幻とも言える〝安定〟を求めて生きている。

この世のことはすべて常に変わり続け一つのところにとどまらない。もちろん人の生も変化する。人が変化をやめるのは死のときだけだ。

安定をあまりにも求めるのは、皮肉っぽく言えば心電図の波形が平坦になった死の状態がいいと言っているようなものかもしれない。

人生は変化するから楽しいのである。不安定さが途絶えることがないのは変化が必然的に生み出すものであり、けっして悪いことではない。不安定に変化し続けることは生きていれば当たり前のことであり、それをいかに楽しむか、そんなところから生きようという元となる自信が育つのではないだろうか。

「己の弱さ」から真の強さは生まれる

自信過剰な人たちは「私は強い」「私は優秀だ」と、自分のいいところだけを必要以上にアピールしてくる。

彼らが大げさに自分をアピールしてくるのは、自分の悪いところ、弱いところを覆い隠すためであり、裏を返せばそれは自信のなさを表しているようなものである。

自信過剰な人たちの強さ、優秀さは、その場しのぎの張りぼてのようなものだから本質的にはとてももろい。

こういった人たちだけでなく、「自分の弱さ」に目を向けようとしない人は総じて「弱い人」だと言える。

張りぼての強さで虚勢を張っている「見掛け倒しの強さ」とは逆に、表面上はとても繊細そうに見えるのに、窮地に追い込まれても粘り強く耐えしのぎ、逆境を克服してしまう人がいる。

こういった人たちに共通しているのは「自分の弱さをよく知っている」ということである。自分の弱さを知っているから、逆境にあっても「だったら次にどうすればいいか」と次の一手を素早く打つことができるのだ。

もし、あなたが自分の弱さを自覚しているとするなら、そこから目を背けず「なぜ、弱いのか？」「その弱さを修正することはできるのか」「その弱さをカバーするにはどうしたらよいのか」といったことを考えていくといいと思う。

大切なのは自分の弱さを隠すことではなく、その弱さを自覚し、弱さを克服するための工夫をしていくことである。

弱さを隠してばかりでは、虚勢を張っているどこかの弱虫と同じになってしまう。自分自身を謙虚に見つめ、弱さを自覚し、次の一歩を踏み出す。本当の強さは、「己の弱さ」から生まれてくるものなのだ。

目標や目的を持つことの弱さ

大きな目標や目的を掲げ、そこに向かって脇目も振らずにまい進していくことは、今の社会ではとても「いいこと」とされている。

だが、私は目標や目的を持つことをあまりいいことだとは思っていない。目標や目的を掲げるのは、現在の自分に大きな不満や欠落を感じているからであり、「目標や目的が成就できれば自分を認めてもらえる」と考えているように感じる。

このように「条件付き」でないと「自分を認めてもらえない」と考えるのは、人間的な弱さと自信のなさの表れではないだろうか。

私は幼い頃から目標や目的はもちろん、みなさんがよく語る〝夢〟さえも持ったことがない。

もしかしたら、学生の頃に目標のようなものを持ったことはあったかもしれないが、それすらもよく思い出せない。

先述したように、今の社会では「目標や目的を持って生きろ」と教育され、そういったものがない人は「向上心のない人」として見下される対象にすらなってしまう。

でも、多くの人が「目標を達成しなければ」「目的を成し遂げなければ」とプレッシャーを感じて生きているから不必要に力んでしまい、動きも思考も固くなってしまっている。

私には夢も目標もなかったので、今まで不必要に力むことなく、ありのままの自分で生きてくることができた。

「こうなりたい」と思ったから今の自分があるわけではなく、「麻雀を仕事にしよう」と強く意識したこともない。ただ、偶然が重なってこうなっただけなのだ。

とはいえ、私は夢や目標を持たずにただダラダラと、怠惰な生活を送ってきたかというと決してそんなことはない。

私は麻雀の代打ちとして真剣勝負の場に身を置きながら「勝負の本質」を考え、「勝つことは必ずしも正義ではない」ということに気付き、やがて「勝負師である前に人としてどう生きるべきか」を考えるようになった。

夢や目標を持ち、固い思考と体で私が生きていたら、代打ち時代に20年間無敗でいられることはできなかっただろうし、その後、雀鬼会を開くことも、道場生たちと触れ合うこともなかっただろう。

もし、今の自分の人生に「生きづらさ」を感じている人がいるとするなら、まずは掲げている目標や目的といった旗を一旦降ろし、素の自分に返ってみてほしい。

そうすればそれまでの自分がどれだけ固くなっていたか、不必要に力んでいたかがわかってもらえると思う。

「満足でなく、納得を追え」

資本主義経済のシステムに則って動いている今の社会では、他者よりも少しでも抜きん出ようとするべく、人対人、企業対企業による擬似戦争とも言える分捕り合戦が繰り広げられている。

そんな時代だからか、ほとんどの人が知らず知らずのうちに〝腹十二分〟くらいの感覚になってしまっている。

人の欲は、本当は〝腹八分〟でも多いくらいなのに、いつも腹十二分を求めていたらそれこそ満足のできないことばかりで、毎日を生きていくことすら嫌になってしまうだろう。

現代人の中にある〝満足感〟は、言ってみれば、あらゆる物質を飲み込み続ける〝ブラックホール〟のようなものである。

どれだけ手に入れても、どれだけ奪っても決して満たされることはないこの〝満足感〟

を追い続けていれば、そのうち生きていること自体が辛くなる。

では、人は満足感とは違うどのような感覚を持てばよいのだろうか？　それは〝納得感〟である。

満足感を追っていると、自分にとって都合の悪いことは受け付けられなくなるが、納得感を持っていれば「まあ、しょうがない」と思うことができるし「もしかしたら自分のせいでこうなったのかもしれない」と物事を冷静かつ謙虚に受け止めることができるようになる。

気持ちよく、楽しく生きることが揺るぎない自己肯定感を育むために大切なことだとすれば、満足感を求めるあまり、いつも不満を募らせていては己への信頼は作られるわけもない。

満足感は他人に影響されやすいあやふやさがあるが、納得感は自分にごまかしのないところから生じるものである。

満足感から生まれる自信は脆いが、納得感から生まれる自信は強い。日々生きていく中で納得感を重ねていけば、おのずと「本当の自信」が芽生えてくるのを体感できると思う。

敗北にも意味がある

改めて言うまでもないことだが、勝負事には勝者がいれば、敗者もいる。しかし、結果だけで評価が決まってしまう今の世の中では勝者だけが持ち上げられ、敗者の存在はどうしても見逃されがちである。

現代人はあまりにも「勝つこと」にこだわり過ぎる。だがこだわりが強いのは、常に大きな不安が根底にある証拠である。

「結果がすべて。勝つことに意味があるのであって、敗北には何の意味もない」という人も世の中にはたくさんいるが、私は敗北にもちゃんと意味があると思っている。

スポーツの世界では時々、〝敗者〟がスポットライトを浴びることがある。これと同じように、経済社会の中でも〝勝ち〟や〝成功〟ばかりを評価したり、意味を見出そうとしたりするのではなく、敗北の中の〝経過〟にも「評価できる部分」を見出そうとしていくことが大切なのだと思う。

雀鬼会で行われている麻雀は「点数を多く取ったものが勝ち」ではない。だから、世間で行われている麻雀にはない様々な決まり事やルールがある。

代打ち時代、生きるか死ぬかのギリギリの戦いを続けていく中で私は「勝利は正義ではない」ということに気付いた。

〝負け〟にもちゃんと意味はあるし、その意味をしっかりと残していかなければいけない。そのような感性を持った大人もいるということを、悩み苦しんでいる若者たちに伝えたくて私は雀鬼会を始め、「敗北にも意味はあるんだよ」ということを知ってほしくて独自のルールを盛り込んでいった。

「永遠の繁栄」がないように、永遠に勝ち続けることも誰にもできやしない。〝勝ち〟ばかりを求める今の風潮が続いていけば、やがて「社会そのもの」から自信が失われ、社会そのものが冷たくて窮屈で、息苦しいものへと変化していってしまうだろう。今の社会にはその気配がすでに漂い始めている。

血の通わない、冷酷な社会で生きるのは誰だって嫌なはずだ。これからの社会にとって重要なのは「敗北にも意味がある」ことを一人ひとりが見出していくことなのだ。

第5章

「本当の自信」を生み出す習慣

〝今〟を生きれば見えなかったものが見えてくる

過去にあった酷い体験がトラウマとなり、心を病んでしまっている人もいれば、自分の掲げた夢や目標といったものに囚われ、未来に不安を感じて精神のバランスを崩してしまう人もいる。

心を病むまでいかずとも、過去や未来に囚われてしまっている人はこの世の中にたくさんいる。そういった人たちは、〝今〟という現実感がないように感じる。

私は昔から常に〝今〟を感じて生きてきた。それを字で表すとするなら〝瞬間〟の〝瞬〟である。

私は常に〝瞬〟を感じながら「今という瞬間は二度と訪れない」「〝また〟はない」と思って生きてきた。

〝瞬間〟はその字のごとく、「瞬く間」に変わっていく。私は、そんな瞬間的な変化を体で味わい、楽しみながら今まで生きてきたのである。

〝瞬〟という変化に富んだ現実を生きていくには、「感じる力」が何よりも必要とされる。今の時代に重要視されている知識や情報などに頼っていては、とてもではないが〝瞬〟には付いていけない。

知識や情報は一度頭の中で考え、整理してから使うものだ。だが、瞬く間に変化してしまう現実は考えていたら間に合わないので「感じて、動く」ことを続けていくしかない。

それまで現実の〝瞬〟に追い付けなかった人でも、「感じる」ことを大切にしているとそ徐々に現実の変化に間に合うようになっていく。そうなると、それまでより瞬間的な状況判断もできるようになっていくのである。

現代社会に生きる人たちは知識や情報をたくさん持っているが、そんなものをいくら持っていても現実を生きていく力にはならない。

街中を歩いている人たちを見ると、ほとんどの人たちが知識や情報といった「重い荷物」を背負い込み、辛そうに歩いている。

次から次へと、必要のないものをどんどんと背負い込んでいるから現代人の動きは鈍くなっていく一方である。このような状況では、現実から取り残されるのも当然と言えるだろう。

変化に富んだ今という〝瞬〟を生きていくには、閉じてしまった本能を開き、「感じる」ことを続けていく他に道はない。

本能を閉じてしまった人が増えているのと、心を病んでしまった人が増えているのは決して無関係ではない。

知識や情報は一旦脇に置き、身軽な状態で〝瞬〟という現実の変化に対応してみてほしい。そうすれば、みなさんの閉じていた本能が少しずつ開き、今まで見えなかったものが見えてくるようになるはずである。

生きる強さは〝生活感〟によって育まれる

私が幼少期を過ごした戦後すぐの時代は、今の豊かな社会とはまったく逆の「何もない時代」だった。

今は当たり前となっている電化製品などは当然のことながら何もなく、何をするにも手作業。真冬に洗濯するにも洗濯機はもちろん、お湯も出ない。その時代の母親たちはみな、昼もなく、夜もなく、家族のためにずっと働き通しだった。

私は生活にかかりっきりの母の姿を見て、「母親ってすごいな」と女性の強さを素直に感じた。

私が人としての強さを最初に学んだ人が母であり、当時の母親たちのように生活に密着した姿を子供に見せることが親にとって大切な役目なのだと思う。

経済的に豊かになった今の時代において、かつての〝生活感〟は古臭く、そこから少しでも離れることが高尚であり、才能とされるのかもしれない。

だが、食事は電子レンジでチンしたものばかり、家族間のやり取りも携帯電話ですませるような生活では、子供の生命力、生きる強さといったものが育まれなくなって当然である。

親が子に伝える〝生活感〟には、いいも悪いもない。何かにしがみついてでも生きようとする姿勢が子供に受け継がれ、それが生きていく強さや自信として身に付いていくものなのだ。

日々の生活から〝生活感〟が失われれば、人間は弱くなっていく一方である。便利なものに囲まれて過ごしているとしても、その中で手作業、手作りの感覚も忘れずにしっかりと持っておく。人間の生命力をこれ以上弱くしないためにも、そういった心の持ちようが必要なのではないだろうか。

3年がんばれば「本当の自信」が見えてくる

頻度の差こそあれ、生きていれば誰の前にも困難や障害といったものが現れる。人は目の前に現れたそういった障害を「壁」と表現したりするが、この壁を乗り越えることで人は「本当の自信」を少しずつ得て、精神的な強さを身に付けていく。

誰の人生にも必ず現れる「壁」は、学生時代より、社会人となってからのほうが接する機会が増えることは言うまでもない。

私が今まで周囲の人たちを見てきた経験から言うと、社会人となって2年目を迎えるくらいのタイミングで最初の「壁」が現れる人が多いようだ。

最初は右も左もわからない、未知の世界だった会社や仕事が、1年もすれば「こういったものなのだな」とおぼろげながらでもその全体像が見えてくる。

仕事にも慣れ、会社から自分がどのような評価を受けているのかといったことも見えてくるから、「自分には才能がない」「自分の技量は人より劣っている」と自身を低く評価してしまっている人の中には「自分は本当にこの会社で生きているのだろうか？」と悲観的に考える人も出てくる。

だが、私は社会人になったばかりで「この仕事を続けるのは無理だ」と判断してしまうのは時期尚早だと思う。

「石の上にも3年」ということわざは、みなさんもよくご存知だろう。似たような意味として「桃栗3年柿8年」ということわざもあるが、ひとつの事を成し遂げるには時間を要するものである。

何事も上達するには〝慣れ〟が必要で、ある一定のレベルに達するのにかかる期間も人によって異なる。それをたった1年で止めてしまったら、その仕事のいいところも理解せずに終わってしまうことになる。

私の考えとしては、一度その仕事を始めたのであれば、最低でも3年はやってみるべきだと考える。

「とりあえず3年はがんばってみよう」と期間を決め、たとえ結果が出なくても、その間は諦めずに仕事を続けてみるのだ。

どんな人であっても、その仕事を3年続ければ間違いなく力がつく。また、3年も続ければそれまで見えなかったいろんな物事が見えてくるようにもなる。「つまらないな」と思っていた業務が楽しくなったり、あるいは「嫌なやつだな」と思っていた上司が実はそれほど嫌なやつではないと理解できたりと、いろんなことに気付けるようになるのだ。

3年続ければ仕事にも人間関係にも慣れ、その慣れがいろんな気付きを我々にもたらしてくれる。

この〝気付き〟こそが、本書のテーマでもある「本当の自信」につながるものなのはもはや言うまでもないだろう。

もしあなたが今の仕事を始めて間もないのに「もう止めよう」と思っているのだとしたら、「石の上にも3年」のことわざを思い出してほしい。あれこれ考えるのは3年経ってからでも遅くはないのだから。

己を信じる前提にある「男らしさ」「女らしさ」

女性の社会進出を促進するために、現代社会では男女平等を謳う法律なども定められている。

女性も働きやすい社会を目指す。それはそれで大いに結構なのだが、社会で提唱される男女平等を履き違えてしまっている人があまりにも多い。私には、本来男と女が持っていた「男らしさ」「女らしさ」というものが今の社会からすっかり失われてしまったように思えてならない。

私は「自分を信じる」こと以前に、男らしさを失わないよう、「男らしく生きる」ことを大切にしてきた。

私が大切にしてきた「男らしさ」とは、言ってみれば私のひとつの〝感覚〟であり、決して学んで得たものではない。

現代社会に生きる男の人はあまり持っていない、私だけがたまたま得ることができた特別な感覚。そんな大切な感覚だからこそ、私は私の「男らしさ」をしっかりと取っておきたいのだ。

私の「男らしさ」と同じように、きっと日本人が大切にしていかなければならない「女らしさ」、あるいは「子供らしさ」というものもきっとあるはずである。

信じるとか、信じないとか、そういったものを超越した「私はこう在りたい」という感覚。「ここだけは譲れない」という自分の領域。それこそ、現代社会に生きる人たちが取り戻さなければならない、大切な感覚なのだと思う。

還るべき居場所があるか？

警察庁の発表によれば、２０１６年の自殺者数は7年連続で減少してはいるもののその数は2万人を超え、さらに政府によると日本の自殺死亡率（人口10万人当たりの自殺者数）は諸外国と比較し、６番目に高かったという。とくに若年層の自殺死亡率は、先進七カ国中、自殺者数と事故の死亡率において自殺が事故を上回ったのは日本だけだったという。

アベノミクスによって日本の景気はよくなったと言う人もいるが、こういった結果を見ても、その判断は実際の庶民の感覚とは大分かけ離れているように感じる。

また、政治によって社会はよくなっていかなければならないはずなのに、若年層の自殺率が諸外国に比べて高いという事実は、私たちの暮らすこの日本社会がいびつに歪んでしまっていることを如実に表してもいる。

会社をリストラされた、成績が悪く希望していた学校に入れなかった、いじめられている……。自殺の理由はそれぞれに色々あるのだろうが、結局行き着くところは「自分の居場所がない」ということに尽きると思う。

学生であれば学校が居場所となり、社会人にとっては会社などの働く場所が居場所となる。また、誰にとっても〝家庭〟は大切な居場所である。

人にとって一番大切な居場所であり、心の拠り所であるはずの〝家庭〟が、今は居辛い場所、安心感のない場所、落ち着かない場所となってしまっているように感じる。

学校が嫌でも、会社が嫌でも、「還るべき家」があれば、人はそれだけで救われる。でも、自ら死を選んでしまった人たちの多くは、その「還るべき家」がなかったのではないだろうか。

自分という存在がある以上、人には居場所が必要である。そして、その居場所がなければ、人は自分の存在を否定し始める。

自分の居場所がなければ、自分の還るべき場所がなければ、当然のことながら自分を信じることなどできないだろうし、生きていく自信を心の底から持つことなども到底無理だろう。

人には何よりも居場所が必要である。それはあらゆる人間にとって共通の真実なのだ。

自信のない子供に自信を持たせるには

勉強ができず、スポーツもダメ。「僕にはできることが何もない」と自分に自信をまったく持てず、消極的になってしまっている子は結構いる。

そういった子は常に〝不安〟のほうが大きい状態にあり、成長していく過程の中で、どこかで〝自信〟を与えてやらないと、そのまま消極的な大人になってしまう。

だったらどうやって〝自信〟を与えてやればよいのか？

その子は勉強もスポーツもできないかもしれない。でも、できないのはそのふたつだけでその他にできることがいくらでもあるのではないだろうか？

現代の教育では、どうしても〝勉強〟と〝運動〟だけに目が行ってしまいがちだが、人間の可能性はそんな限られた領域だけで試されるものではないはずだ。

勉強も運動もダメだけど「書く字はとてもきれい」だとか、「絵が上手」だとか、「手先が器用で壊れたものをすぐ直せる」だとか、あるいは「困った人を手助けするのがとても上手」だとか、現代社会では見落とされがちな「優れた点」が、どんな子供にもきっとあると思う。

「あれはできないけど、これはできる」。そんな自分だけの〝できる〟を見つけていけば、心の中に自信というものが芽生え、ひとつの〝できる〟がふたつ目の〝できる〟に繋がり、自信の芽を少しずつ大きくしていけるのである。

〝他信〟〜相手を信頼すれば信頼が倍になる〜

私は自分で造語を作り、伝えたい真意をその言葉で説明したりすることがたまにあるのだが、〝自信〟に関連した言葉の造語で〝他信〟という言葉を昔からよく使う。

〝自信〟が「自分を信じる」ことだとすれば、〝他信〟はその逆、「他（自分以外のもの）を信じる」ということである。

自分を信じ過ぎるとそれは自信過剰となるし、他者を信じ過ぎればそれは依存となるので、いずれも〝過ぎ〟はよくない。

だが、世知辛いこの時代にあって、自分の周りの人を「誰も信じない」「信じられない」という状況はあまりに寂し過ぎる。

だから私は道場生を含め「信じられる他者」、つまり〝他信〟できる人をできるだけ多く持ちたいと思っているし、信じられる人、好きな人と一緒にいるほうが何より気持ちがいい。

私の周囲にはお陰さまで〝他信〟できる道場生がいるし、彼らといると楽しいひとときが過ごせる。そんな道場生たちが私の周りにいてくれて本当にありがたいと思う。

日常生活の中ではなかなか「こいつは信頼できる」という他者に巡り合うことはない。いざという〝非常時〟にこそ、その人の人間性が表れる。いざという時にどのような考えを持てるか、あるいは行動を取れるか。それが〝他信〟へと繋がっていくのである。

夏休み、雀鬼会は長期に渡って道場生たちと海で過ごすが、その素潜りをしている最中に「命懸け」とまではいかずとも「ちょっと危ないな」という非常時は度々訪れる。

そんな時、瞬間的に正確な判断を下し、それを行動に移せる道場生を見ると「こいつは信頼できるな」と当然思う。

危険な状態にある時に、お互いに気持ちを合わせ、呼吸を合わせて共鳴する。〝他信〟はこのように生まれ、そういった経験を幾度も繰り返していくことで「本当の信頼感」が育まれていく。

しかし、経済社会の中での関係は利害関係ばかりで、お互いの〝信頼〟も〝損得勘定〟に則って判断される。

だからお互いに調子のいい時は繋がりが深まっていくが、どちらか一方の調子が悪くなった時、もう一方は「こいつと一緒にいても得ができない」とすぐに離れていくことになる。

つまり、損得勘定に則った信頼関係は「本当の信頼感」ではないからすぐに崩れてしまうのだ。私と道場生のように、損も得もない状況から生まれた信頼感は、そう簡単に崩れたりはしない。

私が道場生に〝他信〟として投げたボールを、今度は道場生が私に〝他信〟として投げ返してくれる。そうすると私の投げた信頼が倍になって返ってくる。

本当の信頼関係はキャッチボールのようにやりとりをしていく中でどんどん高まっていく。そうやってふたりの〝関係性〟という名の〝絆〟が深まっていくから、損得勘定のないところで生まれた〝信頼関係〟はそんな簡単に崩れたり、消滅したりしないのである。

今は家族間にも〝利害関係〟が入り込んでしまっている時代だが、そんな時代だからこそ、私たちは「本当の信頼感」「本当の他信」を少しでも多く持てるように、損得勘定ではないところで人間関係も作っていくようにするといいと思う。

「逃げ癖は直さなくてもいいが、男ならリスクを楽しめ」

自分に自信のない人は、大事な局面や肝心な時に、その重要性や緊張感に耐えきれなくなって逃げ出してしまうことがある。

こういった人たちはいわゆる〝逃げ癖〟があるからこうなってしまうのだが、肝心な時にいつも逃げ出してしまうのだから、周りの人たちからの評価は当然のことながら低くなり、「情けない人」というレッテルを貼られてしまうことにもなる。

そんなレッテルを貼られ、うれしい人はいないだろうから「この〝逃げ癖〟を直したい」と思っている人も多いに違いない。

社会的に見れば不評なこの〝逃げ癖〟だが、私はこの癖は別に直す必要はないと思っている。

〝逃げ癖〟のある人は、その場が嫌だから「逃げる」わけだ。そうやって今まで生きてこられたのだから、これからもそうやって生きていけばいい。その場から逃げられず、自ら死を選択するような若者が後を立たない中、〝逃げ癖〟のある人は逃げ道を知っているだけ大したものだと思う。

「逃げるのも自分」だと自覚し、自分の情けなさとしっかりと向き合って生きていくなら別に構わない。しかし、独り身の人ならともかく、例えば家族などの守るべきものができたのに、自分がいつも真っ先に逃げ出しているようでは話にならない。

守るべきものは、体を張って命懸けで守る。それが男というものだ。

男として生まれたならば、「リスクがなければ楽しくない」というくらいの気概を持って生きたいものだ。

最初は小さなリスクでいい。リスクをちょっとずつ楽しめるようになれば、やがてそれが快感となり、「大抵のことは危険（危機）ではない」と思えるようになる。

まずは小さなリスクから、試してみてはいかがだろうか。

自分の心をマッサージしよう

この世の中に「頑固な人」はたくさんいる。頑固な人たちに共通しているのは「自分の考え方を信じ過ぎている」ことである。「自分の考え方が一番正しい」と信じきっているから、他の考えを受け入れられないのだ。

だから、自信過剰なタイプにも「頑固な人」は多い。「自分が正しい」という固定観念に囚われ、身も心も固くしてしまっている。

人間は年を取れば誰でも心も身体も固くなっていく。これは人間の宿命としてしょうがないことではあるが、今は若いのに固定観念に囚われ、心を固くしてしまっている人がとても多いように思う。

身体をマッサージすれば筋肉がほぐされ、血液の循環もよくなってすっきりとした気分になる。

人間の心も体と同じようにマッサージできればいいのだが、それはなかなか難しい。だから一度固定観念に囚われると、人の心はどんどんと固くなっていってしまうのである。

ただ、そうは言っても、人間は誰もが固定観念を持っている。そしてその固定観念が強くなり過ぎると、心に支障をきたすようになる。

だから私たちは自分を信じ過ぎて固定観念を強めないよう「自分を信じ過ぎていないか？」「固定観念に囚われていないか？」と日々、自問自答していくことが大切だ。事あるごとに「何かに囚われているんじゃないか？」と思えるようになれば、いろんな考え方を受け入れることができるようになるし、それまで気付かなかったことにも気付けるようになるだろう。

そうやって心の柔軟性を保ち続けるようにすることが「心のマッサージ」となるのである。

いい存在感が「本当の自信」を作る

初めてお会いした人などからよく「桜井さんはさすが、存在感がありますね」などと言われることがたまにある。

でも、私はそのようなことを言われる度に違和感を覚える。なぜなら、私だけが特別な〝存在感〟を持っているわけではないからである。

私もみなさんも、同じように存在感を持っている。「あの人はいるかいないか、わからない」と言われてしまうような人だとしても「いるかいないか、わからない」という存在感をちゃんと持っているのだ。

そもそも、世の中で言うところの〝存在感〟とは一体何なのだろうか？

いつもアクティブに動き回っているから〝存在感〟があるのか？

それとも堂々としていて、動じる気配がまったくなく落ち着いているから〝存在感〟があるのか？

私はいずれも〝存在感〟の本当の意味するところだとは思わない。私の思う存在感。それは、その人の内側から滲み出てくるものである。

いい存在感に悪い存在感、強い存在感もあれば、弱い存在感もあるだろう。存在感はひとりにひとつとは限らず、いろんな存在感が合わさることでその人の〝存在感〟はできあがっている。

私の中にもいい存在感もあれば悪い存在感もある。正々堂々とした存在感もあるだろうし、ずる賢かったり、卑怯だったりする存在感もあるかもしれない。

自分の中に「いい存在感」を増やしていこうとすれば、それは自ずと「本当の自信」にもなっていく。

「いい存在感」を増やしていくには、まずは自分自身が毎日を気持ちよく過ごしていくことが大切である。

「私は存在感がないんです」

「私は自分に自信がないです」

そんなふうに思っている人がいるとするならば、まずは自分の中に「いい存在感」を増やしていくことから始めてみてはいかがだろうか。

困難やトラブルに飛び込むことで鍛えられる

仕事、プライベート問わず、プレッシャーのかかる場面で緊張してしまい、大失敗をしてしまった人、大失態を晒してしまった人は結構いるはずだ。

みなさんにもそういった経験はないだろうか？　もしあるとすればその時「自分はなんて情けないやつなんだ」と感じた人も多いに違いない。

しかし、その「情けない」姿こそ、本当の自分であることを忘れてはいけない。人はどうしても「調子のいい時の自分」を本当の自分だと思ってしまいがちだが、情けない時の自分こそ、本当の自分なのだ。人はそんな「情けない自分」としっかりと向き合うことで、より強く、タフになっていくことができる。

「情けない自分」と向き合うことを避け、プレッシャーのかかる場面を嫌っていたらいつまで経っても弱いままである。

だから私は子供の頃からあえて自分を窮地に追い込み、プレッシャーのかかるような状態にして現状の自分を確認するようにしていた。

そういうことを続けていくと「なんだ、俺ってまだこの程度なのか」と自分自身を冷静に見ることができ、「だったらこれからどうしていくべきか」という課題も見えてくる。だからもし、プレッシャーに強い人間になりたいのであれば、あえて困難やトラブルといったものに飛び込んでいくようにすればいいと思う。

人間関係にはトラブルが付き物である。自分の周囲でそのようなトラブルが起こったら、見て見ぬ振りをするのではなく、そのトラブルに自ら介入し、問題を解決していくようにするのだ。

最初は当然、うまくいかないことのほうが多いだろう。でも、だからといって再びトラブルを避けるようになれば、プレッシャーに弱いままの自分がそこにいるだけである。

「千里の道も一歩から」というように、まずは困難やトラブルに一歩踏み込んでみよう。プレッシャーに強い自分になる道は、そこから始まる。

仕事にこそ〝遊び心〟を取り入れよう

精神的にタフになるには前項でご説明したように、周囲で起こるトラブルの解決に積極的に動くべきである。

さらにそこから一歩踏み込み、「本当の自信」を自分のものにしていくには、精神的タフさの持久力を上げていく必要がある。

仕事でも、大きなプロジェクトになればなるほど、そこには肉体的なタフさはもちろんだが、精神的なタフさとともに持久力も求められる。大事を成す上で、肉体、精神両面の持久力は欠かせないものと言えよう。

では、精神の持久力を上げるために私たちは何をすればよいだろうか? もちろん、前項でお話した「トラブルに飛び込んでいく」ことを続けていくのが重要なのは言うまでもないことだが、もうひとつ、自分の中に〝遊び心〟を取り入れていく、あるいはその〝遊び心〟を広げていくことが大切である。

多くの人は、遊びと仕事は対極のものとして考えているだろう。だが、私はこの遊び心こそ、仕事において忘れてはならない概念だと思っている。

なぜなら、仕事にちょっと〝遊び心〟のスパイスを加えるだけでその仕事が楽しくなったり、または余裕を持って対処することができるようになるからだ。

例えば、1時間に10個の機械を作る仕事があったとする。私ならそこに遊び心を入れ、「だったら今日は50分で10個を作ろう」と思い、それがクリアできるようになってきたら「次は45分で10個に挑戦してみよう」と遊び心を入れていく。もちろん、製作時間を短縮することで製品の質が劣化するようなことはあってはならない。それは前提の上での話である。


私は書籍を作る時も取材を受ける時も、それが仕事だと思ったことは一度もない。たまに受ける講演にしても私にとっては遊びのようなもので「いい本を作ろう」とか「講演でみんなを感動させる話をしよう」などと思ったことは一度もない。

でも私の中にそんな〝遊び心〟があったお陰で、その場の変化をその都度感じ取り、柔軟に対応することができた。

「仕事がつまらない」「仕事の結果が出ない」。そういったことで悩んでいる人がいたら、仕事にちょっとだけ〝遊び心〟のスパイスを入れてみることをおすすめしたい。

腹は〝くる〟ものではなく、〝開く〟もの

人は追い詰められた状況になった時によく「腹をくくる」という表現を用いる。確かに、「腹をくくる」と聞くと肝が据わっているような印象も受けるから、自分の覚悟を表すためにそのような表現が使われるのだろう。

でも、私は昔から「腹をくくる」のは弱い人がすることだと思っている。「本当の自信」を持っている人は、決して腹などくくらないのである。

「腹をくくる」とは「腹をくくって、揺れない、動かない状態にする」、つまり気持ちがブレないようにするという意味だ。

自分は気持ちが弱い。だからすぐに決断したことがブレてしまう。そうならないように、人は気持ちが揺れ動かないようにするために「腹をくくる」のだ。

「本当の自信」を持った人は、「腹をくくる」ような、自分の考えを固定するようなことはしない。

自分の芯、あるいは軸と言ってもいいが、その軸が定まってはいないから、ひとつのことに囚われず、いろんなことに柔軟に対応できる。

つまり、「本当の自信」を持っている人は「何も決めていない」から「腹をくくる」必要がないのである。

私自身、今まで何かを決断する時に「腹をくくる」という感覚を持ったことはない。そういった時、私の中にあるのは、ぎゅっと縛り付けるような感覚ではなく、ふんわりと柔らかく受け止める、受け入れるような感覚だ。

例えば、崖などの高いところから下にある海や川に飛び込めと言われたら、ほとんどの人は恐怖を覚えるはずだ。

そのような時、「腹をくくって飛び込む」という感覚ではなく、「腹を開く」ような、すべてをさらけ出すような感覚になれば、自分の精神が〝無〟に近い状態となり、恐怖心も薄らいでいく。

何かを決めようとしている時は、「腹をくくる」のではなく「腹を開く」という感覚を思い出してほしい。

「選挙の一票に〝信〟を感じられるか？」

さも自信があるかのように見える政治家たちも、その振る舞いのほとんどは虚勢としか私には思えない。虚勢は中味のない人間がするものなので、日本の政治が悪くなっていくのは当然かもしれない。

だが、そんな日本の現状を見て「政治家がどうしようもないやつらばかりだから」と言っているだけでは、私たちも虚勢を張るだけで何の責任も取らない「どうしようもない政治家」たちと一緒になってしまう。

選挙であなたが一票を投じた立候補者が当選したとする。もし、その政治家がその後の活動でしっかりとした働きをしなかったり、公約を実行に移さなかったり、その他の約束を破ったり、あるいは何らかの不祥事を起こしたとするならば、それは政治家だけでなく、一票を投じた人にも責任がある。これは比例票を投じる政党に関しても同様である。

国民から票をもらった政治家が何かあったら責任を取るのは当然だが、その政治家に一票を投じた国民も「責任を取れ」とまでは言わないが、政治家と同じように自戒、自省の念を抱かねばならない。

〝自信〟の〝信〟は〝信用〟の〝信〟である。私たち国民も、政治家も、〝信〟が大切なのは同じだ。

私も、この本をお読みのあなたも、周囲の人たちからの〝信〟を得ることによって、それが自らの〝自信〟へと繋がっていく。

そして、選挙の時に国民が投じる一票にも、その〝信〟は込められているのだから、一票を投じる私たちも、投じられた政治家たちも、〝信〟を蔑ろにするようなことはあってはならないのである。

次の選挙では、そういった「人と人を繋げる〝信〟」を感じながら、一票を投じてみてはいかがだろうか。

「はっきりした立ち位置から自分の存在感が生まれる」

私は第二次世界大戦が終戦を迎える2年前、1943年（昭和18年）に東京の下北沢で生を受けた。

終戦直後の日本はそれまでの「一億玉砕」「八紘一宇」「天皇万歳」の戦争一色の世界から一変。それまでの常識が非常識となり、私たち日本人の価値観も180度変わることとなった。

戦中、戦いの最前線に駆り出された兵士たちの中には恐れをなして後退してしまうような人もいた。

そこで軍部はそんな兵士が増えないよう、精神状態を高揚、覚醒させるための精神剤、所謂〝ヒロポン〟と呼ばれるものを兵士たちに与え、戦わせた。

今、そんな戦中の話を聞くと「なんてひどいことを」と感じる方もきっといると思うが、体制が一般人を操っていたのは何も戦中に限った話ではない。

いつの時代も、体制は自分たちの都合のいいように一般人を操ってきた。それが現代社会ではより巧妙となったため、多くの人がその事実に気付いていないだけなのだ。

体制側は一般人を操るために、規制や制度といったものを作る。そういったシステムを作るのが政治家や官僚といった権力者たちの仕事なのだろうが、私から見ると彼らの作ったシステムはどれも一般人を操ろうとするためのまやかしに思える。

だからそんな社会システムから発せられた常識や正義といったものは、実に危ういものばかりだと言っていい。

だが、世の常識に倣えば、体制の作った制度やシステムに則って生きるのが〝社会人〟であり、〝常識人〟ということになるのだろう。

社会の常識に囚われることがどれほど危険なことなのか。それを2011年に起こった東日本大震災や原発事故によって多くの人が思い知ったはずなのに、「喉元過ぎれば〜」ではないが、今の世の中を見渡すとほとんどの人がそれを忘れてしまったようにも映る。

何かに騙されている状態にあって、自分を信じることなどできやしない。自分を信じるにはまず、社会の中での自分の立ち位置を明確にしておく必要がある。

そのためには、社会が私たちに提示するものを鵜呑みにすることなく、よく噛み砕いてからその味を確かめるようにしていけばいい。

そうすれば「あれ、これってこういう味だったんだ」「あ、これはこういう意味だったんだ」と新たな発見が色々と出てくる。

そんな発見を積み重ねていくことで、あなたの立ち位置は次第に明確になっていくはずである。

あなたなりの立ち位置。それがあなたの〝味〟となり、〝存在感〟となっていくのだ。

過程主義から「本当の自信」は身に付く

私は、世の常識や流行といったものからできるだけ距離を置いて生きてきた。私にとって、世間で当たり前とされている〝いい〟〝悪い〟は、「どうでもいい」ことである。だから、どんな生き様の人を見ても、それを〝いい〟〝悪い〟で判断したり、区別したりすることはない。

人生において大切なものは〝生き様〟と〝行動〟であり、その両者が合わさることで存在となる。

人の存在そのものに〝いい〟も〝悪い〟もなく、雀鬼会の道場でも社会の常識や通念に照らせば「ダメな人」「能力のない人」とされてしまうような人間がたくさんいるが、私にとってはみなかわいい存在である。

結果至上主義の社会では「いい結果」を出すことを求められるが、雀鬼会では結果を求めるようなことはしない。雀鬼会で大切にしているのは、〝結果〟ではなく〝過程〟である。

「結果よければすべてよし」という言葉もあるが、社会の流れとは違うところで生きてきた私にはとてもそうは思えない。

卑怯な手を使ったり、ずるいことをして「いい結果」を得たとしてそれが何になるのか？そんなもので一時の自信を得たとしても、その自信は砂上の楼閣のごとくすぐに崩れ去っていく。

たとえ悪い結果が出たとしても、その過程がよければ自分自身で納得できる。そうやって「いい過程」を繰り返していくことで「いい結果」が出るようになり、本当の自信というものも身に付いていくものなのである。

あとがき
～バカになれば本質が見えてくる～

本書の中で繰り返し述べてきたが、世にいう〝自信家〟の方々は、「自分はすごい人間なんだ」と勘違いしてしまっている人が多い。

自信という看板を掲げて威張っている人たちも、その看板を引っぺがせば簡単に素の本人が現れる。そしてその素の状態は何とも弱々しく、哀れでさえある。

この社会では「利益を生み出す人」が「有能な人」とされるが、そんな社会的観点から見たら雀荘の親父をしている私などは経済的に何の貢献もしていないわけだから「無能な人」となる。

でも、だからといって私は「有能な人」になろうと思ったことは一度もない。むしろ、世間の人たちから見ればとてもくだらないと思えるようなことを、私は率先してやってきたように思う。

雀鬼会の道場では麻雀を日々打ち合っているが、麻雀がいくら強くても社会では評価されない。

そんなくだらない麻雀を、社会からまったく評価されない麻雀を、私はずっと続けてきた。「くだらないものだからこそ、大事な何かが生まれるんじゃないか」

それを探し続けているのが、雀鬼会なのである。

結果が何よりも重要視されるから、結果が出れば人は自信を持つし、結果が出なければ自信をどんどんと失っていく。

しかし、人間は結果を求めるあまり思考も身体も固くなり、いつもの力が発揮できずに失敗を繰り返す。

であるならば、最初から結果など求めず、経過を重視していけばいい。「いい経過」を積み重ねることで結果は徐々によくなっていき、それにともない「本当の自信」も少しずつ身に付いていくものなのだ。

雀鬼会にも、真面目なあまり物事を深刻に捉え過ぎ、壁にぶち当たっている道場生がいた。真面目なあまり結果が出ない。麻雀も勝てない。普段の生活も失敗ばかり……。そんなある日、私はその道場生に「カッコよく〝勝つ〟んじゃなく、カッコよく〝負ける〟ことを意識してみたら」と助言してみた。

するとどうだろう。その道場生から〝固さ〟がどんどんと取れていき、その後の対局で好成績を収めるようになっていった。

このように、「本当の自信」とは〝結果〟ではなく「いい経過」の積み重ねによって身に付いていくものなのだ。

「本当の自信」は「勝負に勝つため」「利益を上げるため」にあるわけではなく、自分自身を救うために存在するのである。それだけはみなさんにも覚えておいてほしい。

2018年　2月　桜井章一

編集協力●髙木真明・荻原晴一郎
カバー写真●北村泰弘
装幀●米谷テツヤ
本文デザイン●白根美和

桜井章一 Shoichi Sakurai
東京・下北沢に生まれる。大学時代に麻雀と出会い、のめり込む。
昭和30年代後半、麻雀の「裏プロ」として頭角を現す。以来20年間引退するまで無敗、「雀鬼」の異名をとり畏怖された。現役引退後は著者をモデルとした小説、劇画などで広く世に知られていく。
現在は、麻雀を通した人間形成を目的とした「雀鬼流麻雀道場牌の音」を主宰し、若者たちの指導に当たる。主な著作に「運を支配する」（幻冬舎）、「人を見抜く技術」「負けない技術」（共に講談社）などがある。

不安をとかす技術
「本当の自信」が身につく考え方

2018年3月23日初版発行

著者　桜井章一
発行人　松本卓也
発行所　株式会社ユサブル
〒103-0014　東京都中央区日本橋蛎殻町2-13-5　美濃友ビル3F
電話：03（3527）3669
ユサブルホームページ：http://yusabul.com/
印刷所　株式会社シナノパブリッシングプレス

ISBN978-4-909249-07-4 C0030
定価はカバーに表示してあります。
落丁・乱丁本はお手数ですが小社までお問合せください。